Amsterdam
Edition

Nicole Niewiadomski

METRIPOLIST

Amsterdam

Edition

NDSM
S. 46–54

Westerpark
S. 114–120

Grachtengürtel
& Jordaan
S. 14–28

De Baarsjes
S. 114–120

Oud-West
S. 114–120

Oud-Zuid
S. 88–100

De Pijp
S. 88–100

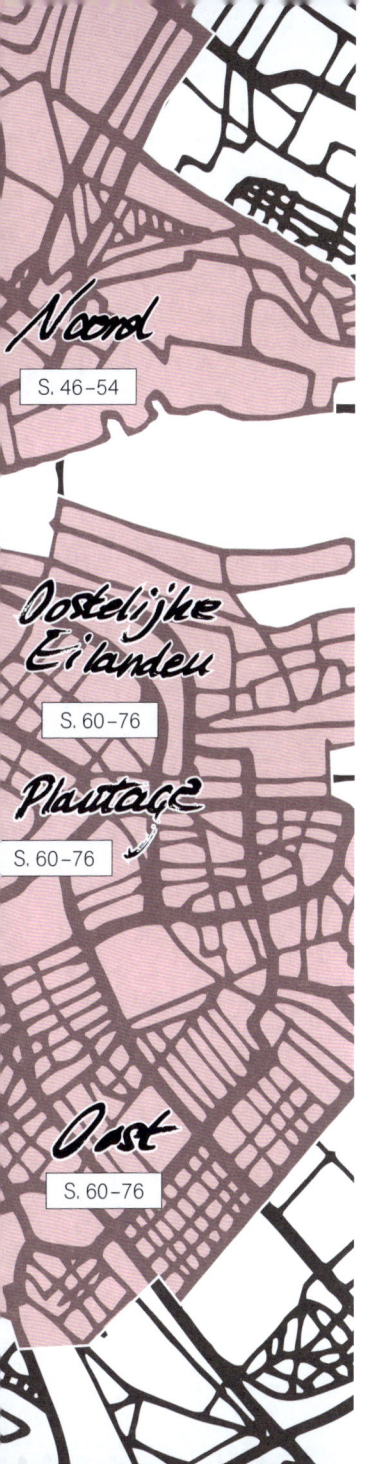

Noord

S. 46–54

Oostelijke
Eilanden

S. 60–76

Plantage

S. 60–76

Oost

S. 60–76

Mit ihrem ganz besonderen Vibe kann sie einem ohne Weiteres den Kopf verdrehen: Die niederländische Hauptstadt hat einen offensichtlichen Charme, dem nur wenige widerstehen können. Mit ihren malerischen Grachten, den vielen Brücken, den mit Rosen bewachsenen Häusern, den stylishen Läden und tollen Restaurants katapultiert sie einen innerhalb weniger Minuten in eine andere Welt, die auf Anhieb fast kitschig wirkt. Zum Glück mischt der kreative Spirit der Stadt die Grachtenidylle ein wenig auf, sodass genau der spannende Mix entsteht,

der die Metropole mit Kleinstadtcharakter so liebenswert und besonders macht.

Wie wohl jede andere Großstadt bekommt aber auch Amsterdam immer wieder Kritik. „Überlaufen", sagen einige. „Ein typischer Ort für Junggesellenabschiede", die anderen. Und „völlig überteuert", lautet das Urteil vieler Locals, die mit den astronomischen Mieten zu kämpfen haben. Teilweise stimmen diese Aussagen auch. Und trotzdem liebe ich sie, diese chaotische, unaufgeräumte und gleichzeitig so unglaublich charmante und idyllische Stadt mit ihrem wahnsinnigen Verkehr, den unfassbaren Mengen an Radfahrern, den gemütlichen Cafés und Coffee-Shops, den extravagant gekleideten Menschen und dem Geruch von Waffeln und Gras in den engen Gassen. Ich könnte stundenlang in einem Café am Wasser sitzen und einfach nur das Treiben auf der Straße beobachten. Aber dafür gibt es hier viel zu viel zu sehen und zu entdecken …

Den Amsterdamer Norden zum Beispiel. Mit seinem rauen, industriellen und gleichzeitig dörflichen Charme bietet er (noch) ein Fleckchen ungentrifizierter Erde, welches man am besten mit dem Rad erkunden kann. Die coolen Restaurants und Biergärten an der *Overkant*, wie der Amsterdamer diese Seite des *IJ* nennt, bieten sich für einen Zwischenstopp in der Sonne an. Auch einen Besuch wert ist der „tiefe Westen". In früher verschrienen Vierteln wie *Bos en Lommer* und *De Baarsjes* machen lauter neue, interessante Läden auf.

Der Osten ist nicht weniger spannend. Mit seinem maritimen Charakter zeigt er sich in Wassernähe edgy, modern und architektonisch ansprechend fürs Auge. Weiter Richtung Grachtengürtel wird's eher grün und lauschig – mit seinen herrschaftlichen Altbauten ist das *Plantage*-Viertel rund um den Zoo eine der teuersten Adressen der City. Wer Lust hat auf Multikulti-Atmosphäre, geht auf den *Dappermarkt* am schönen *Oosterpark* – einer der größten Straßenmärkte Europas. Für Shopping- und Flohmarkt-Fans bietet Amsterdam ohnehin eine unglaubliche Vielfalt. Vor allem, wenn man sich von den großen Einkaufsstraßen fernhält und stattdessen auf die kleineren Straßen und Märkte in den einzelnen Vierteln ausweicht (mehr dazu im Kapitel *Must Dos*).

Wer eher Lust auf Kunst und Kultur hat, ist in Amsterdam genauso an der richtigen Adresse. Um einen „Kunst-Overkill" zu vermeiden, kann es eine gute Idee sein, einen Bogen um die großen, bekannten Adressen wie das *Rijksmuseum* oder das *Stedelijk Museum* zu machen und stattdessen auf kleinere Museen oder auf die vielen schönen Galerien im *Spiegelkwartier*, *Jordaan* oder *De Pijp* auszuweichen.

Ganz gleich, ob als Shopping- oder Kunst-Fan, ob im Sommer bei bestem Biergartenwetter oder im Winter, wenn man auf den zugefrorenen Grachten Schlittschuhlaufen kann: Amsterdam ist und bleibt eine einmalige Schönheit, die es sich zu jeder Jahreszeit zu besuchen lohnt. Am besten sogar mehrmals, damit man die verschiedenen Viertel in aller Ruhe kennenlernen kann. Wo sich die „Sweet Spots" verstecken, verraten wir in diesem Buch.

Viel Spaß beim Entdecken!

Nicole Niewiadomski

Grachtengürtel & Jordaan

Das Zentrum mit seinem einmaligen Grachtengürtel bildet das Herzstück der City und darf bei einem Besuch in Amsterdam einfach nicht fehlen – vor allem nicht, wenn es der erste ist. Neben den vier Hauptgrachten *Prinsengracht, Keizersgracht, Herengracht* und *Singel* (von Westen nach Osten) gibt es noch ca. 150 kleinere Quergrachten sowie ca. 1.300 Brücken. Nicht jeder der Kanäle ist eine „Vorzeigegracht", aber verpassen sollte man nicht die *Prinsengracht*, die *Brouwersgracht* sowie die *Gouden Bocht*, das Stück zwischen *Leidsestraat* und *Vijzelstraat*. Hier stehen einige der schönsten Grachtenhäuser der Stadt. Am besten lässt sich der idyllische Grachtengürtel per Rad oder vom Wasser aus erkunden. Wer keine Lust hat, sich mit den Touristenmassen in ein Boot zu quetschen, hat die Möglichkeit, sich ein privates auszuleihen. Unser Favorit: der Anbieter *Sloepdelen* in der *Nassaukade*. Von hier aus hat man einen perfekten Ausgangspunkt und kann die schönsten Spots in Ruhe abfahren. Das Gute ist, dass man

im liberalen Amsterdam noch nicht einmal einen Bootsführerschein braucht, was das Ausleihen zu einem unkomplizierten Spaß macht. Eine super Idee ist es, einen Picknickkorb mit an Bord zu nehmen, oder man macht den ein oder anderen Zwischenstopp in einem Café oder Biergarten am Wasser und bindet sein Boot vor dem Lokal an. Unsere Lieblingsadressen hierfür sind die beiden Biergärten *Hanneke's Boom* im östlichen Hafengebiet und *Waterkant* auf der *Singelgracht*.

Westlich des Grachtengürtels findet man das Viertel *Jordan*. Im 17. Jahrhundert wurden die hier stehenden kleinen und krummen Häuschen für die Bediensteten der gut betuchten Bevölkerung gebaut, die es sich leisten konnte, direkt an den Grachten zu leben. Schnell wurde Jordaan zum Hotspot für Linksorientierte und später für Künstler, die in den engen Gassen ihre Ateliers eröffneten. Als das Viertel in den 70er Jahren nach und nach gentrifiziert wurde,

zog ein Großteil der ursprünglichen Bevölkerung aufgrund der hohen Mieten an den Stadtrand.

Auch wenn viele Spelunken und Tanzlokale von damals verschwunden sind, hat dies dem Charme des ehemaligen Arbeiterviertels nicht wehgetan. Unfassbar niedlich erscheinen einem die schiefen Häuschen, deren Fassaden oft mit Rosen oder Bougainvilleen bewachsen sind. Passenderweise tragen viele der engen und verwinkelten Straßen von Jordaan „blumige" Namen, wie etwa *Palmstraat* oder *Bloemenstraat*. Heute zählt Jordaan zu den teuersten Adressen der Stadt und ist ein populärer Treffpunkt für eine wohlhabende, hippe und kreative Crowd. Mit seinem Mix aus alteingesessenen Lokalen und neuen Restaurants, trendy Cafés, hippen Galerien und angesagten Boutiquen, wovon die meisten sich am *Noordermarkt*, an der *Westerstraat* und an der *Elandsgracht* befinden, ist das Viertel, dessen oberes Ende von den beliebten Shopping-Straßen *Haarlemmerstraat* und *Haarlemmerdijk* begrenzt wird, beliebter denn je.

BAK

Wir lieben den besonderen Charme des ehemaligen Lagerlokals

Mit dem Flair eines aufgehübschten Speichers passt das beliebte und sehr angesagte BAK wunderbar in seine Umgebung. Direkt am Wasser gelegen bietet das gemütliche Lokal einen herrlichen Blick auf den *Oude Houthaven* – einen Hafen am Ufer des *IJ*-Gewässers, welches die Amsterdamer Innenstadt vom Stadtteil *Amsterdam-Noord* trennt. Und tatsächlich: Beim Gebäude des BAK handelt es sich um einen zum Fine-Dining-Lokal umfunktionierten Speicher eines ehemaligen Lagerhauses. Das Konzept des Hauses ist simpel und dennoch raffiniert: Hier kann man entweder ein 3- oder 5-gängiges Mittags- oder ein 5- oder 7-gängiges Abendmenü bestellen und dazu aus über 500 (!) Weinsorten wählen. Die Speisen wechseln täglich, dabei werden vorwiegend lokale und saisongerechte Zutaten verwendet. Neben dem einzigartigen Ambiente (wer einen Fensterplatz hat, erwischt mit dem richtigen Timing den Sonnenuntergang) hat der freundliche Service einen dicken Pluspunkt verdient.

Van Diemenstraat 408, 1013 CR Amsterdam
+31 (0)20 737 255 3
www.bakrestaurant.nl

BUFFET VAN ODETTE

Wir lieben die Terrasse direkt an der Prinsengracht

Die Philosophie hinter dem Konzept des Hauses lautet: „Jeder verdient einen Teller echtes Essen". Mit „echt" ist in diesem Fall hausgemachte Kost aus besten Zutaten gemeint. 20 Jahre nach der Eröffnung gilt dieses Motto immer noch, weshalb es bei Odette eine gute Auswahl an bodenständigen, aber nicht minder leckeren Kreationen gibt. Auf der Karte findet man Gerichte wie Makrele mit Apfel und Roter Bete, Polenta mit Pilzragout oder Salat vom Buffet mit frischem Landbrot. Der Käse stammt vom Bauernhof *De Lindenhoff*, der Fisch von der bekannten Räucherei *Frank's Smokehouse*. Als beliebter Anlaufpunkt für ausgiebiges Brunchen oder „Spätstücken" (das Lokal macht erst um 12:00 Uhr auf) hat sich das Odette auch dank seiner legendären Trüffelkäse-Omeletts einen Namen gemacht. Bei gutem Wetter sitzt man draußen auf der niedlichen Terrasse und blickt auf die wunderschöne *Prinsengracht*. Gut zu wissen: Dienstags ist im Restaurant Ruhetag.

Prinsengracht 598, 1017 KS Amsterdam
+34 (0)20 423 603 4
www.buffet-amsterdam.nl

BOCCA COFFEE

Wir lieben den leckeren Kaffee und das chillige Ambiente

Nach dem Motto „hip, hipper, Bocca" lädt diese, in einer ehemaligen Fabrikhalle beheimatete Perle zum Kaffeetrinken und Chillen in durchgestylter, aber nicht „gewollter" Atmosphäre ein. Ob als Unterschlupf für eine Shopping-Pause, als Kaffeelieferant am Sonntagmorgen oder als temporärer Arbeitsplatz für den Nachmittag, die trendige Kaffeebar bietet die passende Atmosphäre für jede Gelegenheit. Zu Funk- und Soulmusik kann man hier entspannt den leckeren Kuchen (Unbedingt das fantastische Banana Bread probieren!) und den noch leckereren Kaffee des Hauses genießen. Die Bohnen für Letzteren werden übrigens direkt bei den jeweiligen Kaffeebauern eingekauft und gelten daher als Fair-Trade-Ware. Gut zu wissen: Das Bocca beliefert auch die Cafés *Coffee and Coconuts* und *The Coffee Virus*, das Restaurant *Vinnies* sowie den Concept Store *Hutspot* mit seinen Kaffeespezialitäten.

Kerkstraat 96HS, 1017 GP Amsterdam
+31 (0)32 131 466 7
www.bocca.nl

DAALDER

Wir lieben die entspannte Café-Atmosphäre

Die Idee hinter der umfassenden Renovierung des Daalder war es, die Grenze zwischen Küchenteam, Service und Restaurantbesuchern soweit wie möglich aufzuheben. Gleichzeitig sollte die Geschichte des Restaurants gewahrt werden, der Eckkneipencharakter des ehemaligen Jazzlokals sollte also erhalten bleiben. Die Umsetzung ist gelungen, das wird besonders deutlich, wenn man an der schönen Theke aus Marmor Platz nimmt. Von hier aus kann man in die Küche blicken und dem Restaurantteam beim Zubereiten der Speisen zuschauen. Chefkoch Dennis Huwaë kommt aus der Sterneküche und kochte unter anderem im legendären *The Fat Duck* bei London. Im Daalder setzt er das hohe Level fort und kreiert moderne Speisen mit asiatischen Einschlägen sowie außergewöhnliche Gemüsegerichte, auf Michelin-Niveau. Das steife Drumherum, welches oft in Sternerestaurants herrscht, hat er allerdings hinter sich gelassen; im Daalder ist die Stimmung entspannt und persönlich.

Lindengracht 90, 1015 KK Amsterdam
+31 (0)20 624 886 4
www.daalderamsterdam.nl

MEATLESS DISTRICT

Wir lieben die veganen Kreationen des Hauses

Durchgängig geöffnet bieten die beiden Restaurants von Meatless District das richtige Essen für jede Tageszeit und Laune. Neben Frühstück (nur am Wochenende), Lunch und Dinner stehen den Gästen bis 18:00 Uhr diverse Leckereien, wie Suppen, Sandwiches oder Snack-Variationen mit Hummus und Nüssen, aus einer reduzierten Speisekarte zur Auswahl. Der Name der beiden Restaurants verrät schon, in welche Richtung es bei der Küche geht: Bei Meatless District werden alle Speisen gänzlich ohne Fleisch oder tierische Produkte zubereitet, also vegan. So kommt zum Beispiel bei der Barbacoa Bowl – Barbacoa ist ein traditionelles mexikanisches Fleischgericht – statt Lamm- oder Rindfleisch das saftige Fleisch der tropischen Jackfrucht zum Einsatz. Wenn möglich, also je nach Verfügbarkeit, verwendet das Restaurantteam nur Zutaten aus ökologischer Herstellung. Vieles wird außerdem hausgemacht, zum Beispiel die Butter, die Mayo sowie die wechselnden Kuchensorten.

Bilderdijkstraat 65–67, 1053 KM Amsterdam
+31 (0)20 722 080 4
www.meatlessdistrict.com

BREDA

Wir lieben das Pariser Flair

Angenehm kitschfrei, aber keinesfalls un-gemütlich: Die Einrichtung des Breda er-innert an die modernen Pariser Bistros. Passend zum Interieur ist die Küche zwar auch französisch angehaucht, als Haupt-inspirationsquelle für die Speisen dient aber die südholländische Region Brabant, aus der das Inhaber-Trio stammt. Zu ge-dimmtem Licht sitzt man hier bequem und nicht allzu nah am Tischnachbarn, was das Lokal zu einer guten Adresse für ein ro-mantisches Tête-à-Tête macht. Die Karte kommt ebenso schnörkellos daher wie die Einrichtung: Im Breda gibt es mittags und abends jeweils drei verschiedene Menüs zur Auswahl. Außergewöhnlich erscheinen die raffinierten Kombinationen der Zutaten, vor allem bei den vegetarischen Amuse-Gueules. Direkt an der malerischen Gracht *Singel* gelegen ist das Breda übrigens eine gute Adresse, wenn man nach dem Essen noch durch den romantisch beleuchteten Grachtengürtel spazieren möchte.

Singel 210, 1016 AB Amsterdam
+31 (0)20 622 523 3
www.breda-amsterdam.com

BALTHAZAR'S KEUKEN

Wir lieben die gemütliche Atmosphäre des Mini-Lokals

Die *Elandsgracht* ist eine Straße etwas abseits der bekannten *9 Straatjes*, einem Shopping-Viertel im Grachtengürtel mit vielen kleinen Boutiquen. Hier geht es deutlich entspannter zu als in den Grachten; es verirren sich nicht allzu viele Touristen hierher. Mittendrin liegt das Mini-Lokal Balthazar's Keuken, ein Dauerbrenner der Restaurant-Szene und mittlerweile eine echte Institution im Viertel. In dem winzigen Bistro mit offener Küche ist es kuschelig eng und gesellig – so kommt man im Handumdrehen mit dem Tischnachbarn ins Gespräch. Die Karte ist ebenso klein wie die Location: Es gibt jeden Abend ein festes Menü, welches aus einer Handvoll Vorspeisen sowie aus einem feststehenden Dessert besteht. Zudem kann der Gast beim Hauptgang zwischen Fisch und Fleisch wählen. Dazu werden sorgfältig ausgesuchte Weine serviert. Mehr braucht es nicht, um einen unvergesslichen Abend mit Freunden zu verbringen!

Elandsgracht 108, 1016 VA Amsterdam
+31 (0)20 420 211 4
www.balthazarskeuken.nl

CAFÉ DE KLEPEL

Wir lieben die charmante Einrichtung und die tollen Weine

Schon die gelb-weiß gestreifte Markise vor dem Haus wirkt unheimlich einladend und auf eine kitschfreie Art sympathisch niederländisch. Drinnen erwartet einen ein angenehm gemütlicher Raum mit langer Holztheke und urigen Holzdielen. Dazu schlichte Bistrotische und -stühle, ein großer Blumenstrauß sowie eine Anrichte, auf welcher die legendären Charcuterie- und Käseplatten zubereitet werden. Im Hintergrund läuft Jazzmusik, das Licht ist angenehm gedimmt: Hier kommt man gerne nach einem Bummel hin, um den Tag in Ruhe ausklingen zu lassen. Probieren sollte man auf jeden Fall die sensationellen Weine; mehr als 300 verschiedene Sorten werden im Weinkeller des Hauses gelagert. Die Bistroküche des Café De Klepel, die als festes drei- oder viergängiges Menü serviert wird, ist aber keinesfalls nur „Beiwerk", sondern mindestens genauso empfehlenswert.

Prinsenstraat 22, 1015 DD Amsterdam
+31 (0)20 623 824 4
www.cafedeklepel.nl

PARADISO

Wir lieben das einmalige Ambiente in den Mauern einer ehemaligen Kirche

In dieser Institution des Amsterdamer Nachtlebens traten schon die Rolling Stones, Nirvana und David Bowie auf. In 1968 von einigen Anhängern der Hippie-Bewegung eröffnet, blickt die Location nahe des bekannten *Leidseplein* auf eine lange Geschichte aus unzähligen Konzerten und Auftritten talentierter Musiker und weltberühmter Stars zurück. Neben der besonderen Architektur – das Paradiso befindet sich in den Mauern einer zum Konzertsaal umfunktionierten Kirche – bietet das zweistöckige Gebäude ein einmaliges Akustikerlebnis. Das Publikum ist gut durchmischt, hier feiern Einheimische neben Amsterdam-Besuchern und Musikfans aus aller Welt. Während von der Musikrichtung her in den 70er-Jahren der Fokus hauptsächlich auf Rock, Punk und New Wave lag, finden heute auch Konzerte der klassischen Musik sowie Lesungen oder andere Veranstaltungen statt.

Weteringschans 6–8, 1017 SG Amsterdam
+31 (0)20 626 452 1
www.paradiso.nl

VESPER BAR

Wir lieben die lebhafte Stimmung in der Bar im Miniformat

In der Gegend rund um die beliebte Shoppingmeile *Haarlemmerdijk* befindet sich dieser Dauerbrenner der Amsterdamer Bar-Szene. Benannt wurde die Location nach dem Bond-Girl Vesper: Angeblich die einzige Frau, die James Bond jemals wirklich geliebt hat. Das Publikum ist angenehm gemischt. Hier treffen sich gleichermaßen Locals, Expats und Amsterdam-Besucher. Das Interieur des gemütlich, aber geschmackvoll eingerichteten Raumes erinnert an die versteckten Speakeasy-Bars der 20er-Jahre. Auf der Karte finden sich typische Barklassiker neben ausgefalleneren Kreationen mit Namen wie Skyfall, inspiriert vom gleichnamigen Bond-Streifen, oder Trash The Place. Früh kommen lohnt sich, denn im Laufe des Abends kann es in der eher kleinen Bar schon einmal richtig voll und entsprechend laut werden.

Vinkenstraat 57, 1013 JM Amsterdam
+31 (0)68 724 405 6
www.vesperbar.nl

PULITZER

Wir lieben den extravaganten Einrichtungsstil

Das Pulitzer ist ein Paradebeispiel dafür, dass traditionelle Grachtenhäuser ganz und gar nicht staubig und museal wirken müssen. Mit seinem außergewöhnlichen Einrichtungsstil, der einen ordentlichen Schuss Extravaganz in die historischen Mauern des Hauses bringt, sorgt das Boutique-Hotel bereits auf den ersten Blick für Aufsehen – im positiven Sinne! Wer sich hier einquartiert, darf sich auf besonders liebevoll und individuell eingerichtete Zimmer und Suiten freuen. Unser Favorit ist die *Art Collector's Suite*: ein farbenfroh eingerichtetes Apartment mit separatem Eingang von der Kanalseite und einer tollen Sammlung an außergewöhnlichen Kunstwerken und Möbelstücken. Wer am Ende des Tages genug hat vom hektischen Treiben des Grachtengürtels, findet im Garten des Hauses Ruhe und Erholung und kann dort den Nachmittag entspannt ausklingen lassen.

Prinsengracht 323, 1016 GZ Amsterdam
+31 (0)20 523 523 5
www.pulitzeramsterdam.com

ZOKU

Wir lieben dieses „home away from home"

Das Zoku bezeichnet sich selbst als „neu erfundenes Apartment-Hotel". Neben regulären Hotelzimmern für Gäste, die zum Beispiel einen klassischen Weekend-Trip in Amsterdam geplant haben, ist das Konzept des Hotels auch darauf ausgelegt, Langzeit- und Business-Besucher unterzubringen und gleichzeitig als Plattform und Meeting Place für Coworking zu fungieren. So ergibt sich ein rundes und gleichzeitig flexibles Konzept, das eine große Vielfalt an Gästen anzieht. Genau das macht die Atmosphäre im Zoku aus: Hier trifft sich ein bunter Mix aus Freelancern, Gründern, Wochenend-Besuchern und Locals. Wer zum Arbeiten statt der öffentlichen Räume des Hotels – besonders schön ist das Gewächshaus – lieber einen privaten Raum für sich nutzen möchte, bucht eines der Lofts, welche in regulärer Größe, XL- oder XXL-Größe zur Auswahl stehen. Sie sind perfekt auf das Arbeiten, Ausruhen und Kochen ausgerichtet.

Weesperstraat 105, 1018 VN Amsterdam
+31 (0)20 811 281 1
www.livezoku.com

THE HOXTON

Wir lieben die gemütliche Bar-Lounge im Erdgeschoss

Mitten auf der prachtvollen *Herengracht* liegt das The Hoxton, eines der derzeit angesagtesten Boutique-Hotels der City. Hier kann man ohne schlechtes Gewissen zum Couch-Potato werden: Die heimelige Lounge im Erdgeschoss lädt zum Chillen, Kaffeetrinken oder Sich-inspirieren-Lassen ein. Das Publikum besteht aus einer angenehmen Mischung aus Hotelgästen, am Laptop arbeitenden Freelancern, neugierigen Spaziergängern, Bargästen und Restaurantbesuchern, die im angeschlossenen Lokal zum Dinner verabredet sind. Diese bunte Mischung macht die zweistöckige Lounge zum Meeting Place der besonderen Art. Aber auch der Rest des Hotels ist einen Besuch wert: Die 111 Zimmer, manche davon mit Kanalblick, bieten ein entspanntes Ambiente sowie einen coolen Stilmix aus modernen Elementen, warmen Farben und angenehmen Stoffen wie Samt und Leder.

Herengracht 255, 1016 BJ Amsterdam
+31 (0)20 888 555 5
www.thehoxton.com

KIMPTON DE WITT

Wir lieben das helle und relaxte Interieur

Als perfekte Homebase für einen Städtetrip hat das Kimpton auf elegante Art und Weise den Spagat zwischen kosmopolitisch anmutendem Großstadthotel und gemütlicher Bleibe mit Wohnzimmercharakter geschafft. Frisch, modern und gleichzeitig gemütlich und unaufgeregt kommt das Cityhotel in zentraler Lage unweit des Hauptbahnhofs daher. Kein Wunder, dass das Fünfsternehotel sich bereits innerhalb kürzester Zeit nach seiner Eröffnung einer rasant wachsenden Fangemeinde erfreuen kann. In den stilvollen öffentlichen Räumen des Hotels kann man die heimelige Atmosphäre auf sich wirken lassen, die Akkus wieder aufladen und zur Ruhe kommen. Auch das angenehm cleane Interieur in den Zimmern passt gut zum Gesamtkonzept des Hauses: Hier dominieren softe Blau- und Grautöne, die für Ruhe und Entspannung sorgen. Dazu werden stilvolle Mosaik- und Blumenmuster kombiniert, die der Einrichtung den letzten Schliff verpassen.

Nieuwezijds Voorburgwal 5, 1012 RC Amsterdam
+31 (0)20 620 050 0
www.kimptondewitthotel.com

MAX BROWN CANAL DISTRICT

Wir lieben das gemütliche Wohlfühl-Ambiente in direkter Grachtenlage

Tapeten mit Karomuster, rustikale Holz-verkleidungen, urige Holzböden und Pariser Kacheln an den Wänden. Dazu Werke des lokalen Künstlers *Gino Bud Hoiting*, wie die bunte und fleißig auf Instagram geteilte Bücherwand *Book Wall*. In dieser Dependance der Max Brown-Familie herrscht eine gemütliche und relaxte Atmosphäre, an der schönen Bar im Erdgeschoss lässt es sich super in den Abend starten. Neben den bewährten Max Brown-Features, wie superbequemen Betten, leckerem Kaffee und kostenlosem Frühstück mit frischem Brot, punktet das sich in drei restaurierten Grachtenhäusern (inklusive kleinem Garten) befindende Hotel mit seiner Lage direkt an der eleganten *Herengracht*, die einen perfekten Ausgangspunkt für eine Tour durch den Grachtengürtel bietet. Die malerische *Brouwersgracht*, die als eine der schönsten der Stadt gilt, befindet sich gleich um die Ecke.

Herengracht 13, 1015 BA Amsterdam
+31 (0)20 710 728 8
www.maxbrownhotels.com

Noord & NDSM

Edgy, rau, etwas alternativ, ruhig und sehr grün: Amsterdams Norden ist das perfekte Hideaway, wenn man der hektischen Innenstadt entkommen möchte. Dazu braucht es nur eine fünfminütige Fahrt mit einer der drei kostenlosen Fähren, die einen vom Amsterdamer Hauptbahnhof hinüber auf die andere Seite des *IJ* bringen. Hier versteckt sich eine andere Welt, geprägt vom industriellen Charme der ehemaligen Schiffswerften des Viertels. Als die Werften um 2000 herum pleitegingen, war in Noord erst einmal ein Jahrzehnt lang nicht viel los; die stillgelegten Areale sorgten mit ihren verlassenen Hallen für ein eher karges Feeling. Das hat sich jetzt eindeutig geändert: Was früher Amsterdams „Schmuddelkind" war, ist heute ein kreativer Kiez mit spannenden Galerien, hippen Biergärten, ultramoderner Architektur und vielen Grünflächen. Als vielseitige Nachbarschaft ist der Norden heute das Zuhause von Familien, Studenten, Kreativen sowie großen Unternehmen, die hier ihre Headquarters niedergelassen haben. Glücklicherweise hat es die sich breitmachende Gentrifizierung (noch) nicht hinüber auf diese Seite des *IJ* geschafft. Aber das ist wahrscheinlich nur eine Frage der Zeit, denn die vielen Frei-flächen an der Wasserlinie würden sich nur allzu gut für den Bau von exklusiven Lofts oder Hotels mit Wasserblick anbieten.

Für Trödel- und Vintage-Fans gibt's in Noord jede Menge zu entdecken. Da wäre zum Beispiel Europas größter Flohmarkt in den *IJ-Hallen* (siehe S. 153) oder *Neef Louis*, ein Geschäft für antike Lampen, Deko, Vintage-Möbel und diverse „Stehrumchen". Der Straßenmarkt *Pekmarkt* bietet mit seinem Neighbourhood-Feeling eine gute Alternative zu den großen und (leider oft überlaufenen) Märkten wie dem *Albert Cuypmarkt*. Danach kann man im Biergarten *De Ceuvel* (siehe S. 164) chillen, dieser befindet sich direkt nebenan und ist mit seiner direkten Lage am Wasser im Sommer eine der besten Adressen.

Wer sein Fahrrad mitgebracht hat (dies ist an Bord der Fähren erlaubt und eine sehr gute Idee), sollte einen Abstecher zum *Nieuwendammerdijk* machen. Hier stehen einige der schönsten traditionellen Amsterdamer Häuser im typisch niederländischen Stil. Gleich um die Ecke findet man übrigens das *Café 't Sluisje* – eine echte Apfelkuchen-Institution!

HOTEL DE GOUDFAZANT

Wir lieben das Garagen-Feeling der Location

Diese einmalige Location im Industrial-Stil trägt einen etwas verwirrenden Namen, beherbergt sie doch tatsächlich kein Hotel, sondern „nur" ein Restaurant. Idyllisch an der Wasserlinie von *Amsterdam-Noord* gelegen hat sich das Goudfazant schnell zu einem der beliebtesten Hangouts der Gegend entwickelt. Dies erklärt, warum es hier meist sehr quirlig zugeht. Zur geselligen Stimmung passen die schnörkellose, aber sehr solide Bistroküche und die ungezwungene, schlichte Einrichtung perfekt.

Im hinteren Teil des Restaurants wurden einige Oldtimer kunstvoll in Szene gesetzt, das Setting erinnert an eine Autowerkstatt aus vergangenen Zeiten. Besonders im Sommer lohnt sich ein Besuch, denn dann bleibt die Garagenfront offen, sodass man einen herrlichen Blick aufs Wasser genießen kann. Wer von der anderen Seite des IJ anreist, kann am Hauptbahnhof eine der Fähren hinüber zum *IJplein* nehmen und das letzte Stück (ca. 20 Minuten zu Fuß) zum Restaurant am Wasser entlangspazieren.

Aambeeldstraat 10, 1021 KB Amsterdam
+31 (0)20 636 517 0
www.hoteldegoudfazant.nl

STORK

Wir lieben das maritime Flair direkt am Wasser

Ein Besuch im Stork lohnt sich allein schon wegen der Anfahrt, welche am unkompliziertesten (und am schönsten!) mit der Fähre erfolgt. Einfach auf der Rückseite des Hauptbahnhofes die gelbe Linie Richtung *IJplein* nehmen und die kostenlose Fahrt hinüber auf die andere Seite genießen – Sightseeing inklusive. Wer ein Fahrrad dabei hat, kann dies mit an Bord nehmen und bei Ankunft in *Amsterdam-Noord* das letzte Stück zum Restaurant radeln. Alle anderen dürfen sich auf den ca. 20-minütigen Spaziergang zum Restaurant freuen. Bei der Ankunft am Stork wird man mit einer Wahnsinnsaussicht belohnt: Direkt am Wasser gelegen, bietet die riesige Terrasse im Sommer einen herrlichen Blick auf das *IJ* und die Skyline der Stadt. Dass in dem riesigen, loft-ähnlichen Lokal in den Wänden einer ehemaligen Fabrik hauptsächlich Seafood serviert wird, wundert wenig und passt perfekt zur Location.

Gedempt Hamerkanaal 201, 1021 KP Amsterdam
+34 (0)20 634 400 0
www.restaurantstork.nl

SIR ADAM HOTEL

Wir lieben den unglaublichen Panoramablick aus den Zimmern

Direkt neben dem bekannten *Amsterdam Eye* – dem Filmmuseum der Stadt – befindet sich das markante Gebäude *A'DAM Toren*, eine der wohl auffälligsten Bauten am Ufer von *Amsterdam-Noord*. Es beheimatet gleich mehrere angesagte Locations, darunter auch das Sir Adam. Die Zimmer des Hotels bieten atemberaubende Ausblicke auf die Stadt und das *IJ*. Wer die Kategorie „Sir Deluxe Corner" bucht, kann von der verglasten Dusche aus sogar das unglaubliche Panorama auf die Amsterdamer Skyline genießen. Grobporiger Sichtbeton, riesige Glasfronten und scheinbar endlos hohe Decken sorgen für ein modernes Ambiente. Im gleichen Gebäude befinden sich noch ein Burger-Restaurant, eine Aussichtsplattform, eine Event-Agentur, ein Nachtclub, eine Musikschule sowie die beiden angesagten Restaurants *Moon* und *M'adam*. Das Hotel umgebende Viertel ist ebenfalls divers und spannend und bietet mehr als genug Gründe, die Straßen von Amsterdam-Noord zu erkunden.

Overhoeksplein 7, 1031 KS Amsterdam
+31 (0)20 215 951 0
www.sirhotels.com

Oost, Oostelijke Eilanden & De Plantage

Als diverser, multikultureller, grüner und unglaublich weitläufiger Stadtteil hat *Amsterdam-Oost* viele verschiedene Seiten, die es zu erkunden lohnt. Vom eleganten *Plantage*-Viertel mit seinen begrünten Straßen, herrschaftlichen Villen und charmanten Altbauten sowie dem wunderschönen Restaurant *De Plantage* (siehe S. 75), über die *Oostelijke Eilanden* mit ihrer mutigen, futuristischen Architektur, bis hin zu den beiden Multikulti-Vierteln *Indische Buurt* und *Dapperbuurt,* die für ihre vielen kleinen Läden sowie den *Dappermarkt* (siehe S. 153) bekannt sind, befinden sich hier zahlreiche schöne Ecken und Must Sees.

Dazu produziert die lebendige Restaurant- und Bar-Szene von Amsterdam-Oost am laufenden Band neue In-Läden, es schießen gefühlt jede Woche neue Hotspots wie Pilze aus dem Boden. Eine echte Institution in der Nachbarschaft ist die *Bar Bukowski* am *Oosterpark* – hier ist immer etwas los.

Definitiv einen Besuch wert sind auch die vielen Grünflächen und Parks, wie zum Beispiel der *Park Frankendael*, der gleich zwei unserer Lieblings-Restaurants, das *De Kas* und das *Merkelbach,* beherbergt und in welchem sich das traumhaft gelegene *Hotel Arena* befindet. Etwas ruhiger geht es im verwachsenen *Flevopark* zu. Ein echter „Secret Spot" ist der dort versteckte Biergarten *'t Nieuwe Diep.* Am besten lässt sich, zumindest bei gutem Wetter, der weitläufige Amsterdamer Osten per Rad entdecken. Damit kann man super an der Amstel entlangradeln, hier und da einen Stopp in den schönen Cafés und Biergärten am Wasser machen oder gleich das *Vergulden Eenhoorn* (siehe S. 69) oder das *tHUIS aan de AMSTEL* (siehe S. 168) ansteuern.

MERKELBACH

Wir lieben den verträumten Garten

Als bekennender Slowfood-Fanatiker und Initiator der niederländischen *Slow Food Chefs Alliance* liegt es Inhaber Geert Burema besonders am Herzen, in seinem, in einem imposanten Anwesen aus dem 18. Jahrhundert beheimateten Restaurant ausschließlich Zutaten aus der Region zu verwenden. Der tagesfrische Fisch stammt aus Wildfang in der Nordsee, das Fleisch von einem Biobauern südlich von Amsterdam. Aus den sorgfältig ausgesuchten Zutaten kreiert Chefkoch Marc Wunderink die Speisen für das Menü, welches mittags aus drei und abends aus fünf Gängen besteht. Viele der Kräuter, die er hierfür verwendet, stammen aus dem hauseigenen Garten, welcher eindeutig – neben dem großartigen Essen natürlich – das Highlight des Hauses darstellt. Zwischen den akkurat getrimmten Mini-Labyrinthen aus Buchsbäumchen kann man spazieren gehen, im Sommer einen leckeren Apfelkuchen essen und sich von der Hektik der City erholen.

Middenweg 72, 1097 BS Amsterdam
+31 (0)20 665 088 0
www.restaurantmerkelbach.nl

SCHEEPSKAMEEL

Wir lieben die einmalige Lage mit Blick auf den östlichen Hafen

Am Rande eines weitläufigen Geländes werden wir vom Taxifahrer mit den Worten „den Rest des Weges müssen Sie leider zu Fuß gehen" abgesetzt. Das Wort „leider" ist jedoch, wie wir schnell feststellen dürfen, in diesem Zusammenhang überflüssig. Denn der kleine Spaziergang zum Restaurant bietet atemberaubende Ausblicke auf das *Oostelijke Havengebied* sowie auf das legendäre, im Abendlicht grünlich schimmernde Gebäude des *Nemo*. Die rote Backsteinfassade des Scheepskameel begeistert mit ihrem besonderen Charme und wirkt unglaublich einladend. Innen herrscht ein lebhaftes und geselliges Ambiente, wie man es aus klassischen Bistros kennt. Von den Tischen an der Fensterfront aus kann man abends den Sonnenuntergang bewundern. Beim ersten Blick auf die Karte wird so mancher Gast bestimmt überrascht sein: Im Scheepskameel werden ausschließlich deutsche Weine serviert. Dazu gibt es eine Mischung aus Bistro-Klassikern und Gerichten der Crossover-Küche.

Kattenburgerstraat 5, 1018 JA Amsterdam
+31 (0)20 337 968 0
www.scheepskameel.nl

DE KAS

Wie lieben das lichtdurchflutete Ambiente des Gewächshauses

Gemüse schmeckt bekanntlich am besten, wenn man es tagesfrisch erntet. Kein Wunder also, dass die Gerichte im De Kas so frisch und knackig sind – dem Küchenteam steht schließlich ein eigener Garten zur Verfügung. Küchenchef Gert Jan Hageman stammt aus der Sterneküche, das erklärt, weshalb der Kochstil im De Kas sich am besten als „gemüselastige Haute Cuisine" beschreiben lässt. Das Restaurant serviert ausschließlich Menüs, welche täglich vom Küchenteam neu zusammengestellt werden, je nachdem, was der Garten gerade hergibt. Mitten im wunderschönen *Park Frankendael* gelegen, lädt das aus dem 20. Jahrhundert stammende Gewächshaus zum Dinieren in einmaliger Atmosphäre ein. Wer das De Kas betritt, wundert sich zunächst über die beeindruckende Größe des Lokals. Allein der vom niederländischen Star-Designer *Piet Boon* entworfene Hauptraum mit seinen acht Meter hohen Decken und dem luftigen Ambiente bietet Platz für 140 Gäste.

Kamerlingh Onneslaan 3, 1097 DE Amsterdam
+31 (0)20 462 456 2
www.restaurantdekas.nl

WILDE ZWIJNEN RESTAURANT & EETBAR

Wir lieben das entspannte Ambiente und die leckeren Kleinigkeiten zum Teilen

Im immer beliebter werdenden Viertel *Indische Buurt* findet man dieses In-Lokal, das aus zwei nebeneinanderliegenden Räumen mit jeweils unterschiedlichen Konzepten besteht. Während im Wilde Zwijnen Restaurant der Fokus auf À-la-carte-Gerichten liegt, konzentriert sich die rechts danebenliegende Wilde Zwijnen Eetbar auf moderne Tapas der Crossover-Küche. Auch wenn das Restaurant definitiv seinen Charme hat, so hat es uns vor allem die kleine Schwester angetan. Schon beim Betreten der gemütlichen Eetbar mit dem sagenhaften Boden in Fischgrät-Optik fühlt man sich wie angekommen. Das gedimmte Licht, die angenehme Akustik sowie der groovige Soulmix, der aus den Lautsprechern kommt, sorgen für eine lässige und dennoch gemütliche Feelgood-Atmosphäre. Da die Eetbar schon ab 17:00 Uhr geöffnet ist, bietet sie sich als perfekte Start-Location für den Abend an. Wer danach noch Hunger hat, kann entspannt ins Restaurant hinüberwechseln.

Javaplein 23–25, 1095 CJ Amsterdam
+31 (0)20 463 304 3 (Restaurant) & +31 (0)20 354 400 0 (Eetbar)
www.wildezwijnen.com

VERGULDEN EENHOORN

Wir lieben das gemütliche Landhaus-Feeling mitten in der City

Ländliches Flair mitten in der Stadt? Ja, das geht! Der beste Beweis dafür ist dieses kleine Hideaway am *Ringdijk* – eine der malerischsten Adressen Amsterdams. Hier steht eine bunte Vielfalt an charmanten historischen Häuschen aus dem 18. Jahrhundert. Zusammen bilden sie eine idyllische und typisch niederländische Kulisse wie aus dem Bilderbuch. Direkt am Kanal *Ringvaart* gelegen, welcher quer durch *Amsterdam-Oost* verläuft und die *Amstel* mit dem *IJ* verbindet, lässt sich das Vergulden Eenhoorn perfekt mit dem Rad erreichen. Bei Ankunft an dem charmanten Landhaus wartet ein Dinner im urigen Restaurant mit rustikalen Deckenbalken und angeschlossenem Kaminzimmer oder im Garten mit seiner lauschigen Atmosphäre. Auf der Karte stehen französisch angehauchte Gerichte wie gebackenes Makrelenfilet mit Linguine, Kohl und Beurre blanc oder Côte de Bœuf mit Fritten und Salat. Und wer gar nicht mehr nach Hause möchte, kann übrigens im Hotel des Hauses übernachten.

Ringdijk 58, 1091 AH Amsterdam
+31 (0)20 214 933 3
www.verguldeneenhoorn.nl

NEW WERKTHEATER

Wir lieben das sensationelle Frühstück

Was früher ein Theater mit Tageslicht war, ist heute Restaurant, Eventlocation, Fotostudio, Büro und Mini-Shop in einem. Wir haben es aber vor allem auf das Restaurant abgesehen, denn hier wird ein grandioses Frühstück serviert. Das Meiste auf der Karte ist hausgemacht und zusammengestellt aus lokalen Biozutaten. Da wären unter anderem das knusprige Granola, die leckeren Kuchen (unbedingt den Käsekuchen probieren!) oder die frisch gepressten Säfte.

Das alles wird begleitet vom Kaffee der Berliner Marke *Bonanza*. Das Ambiente im Restaurant ist luftig-clean mit einem leicht künstlerischen Flair. Schockverliebt haben wir uns in die kobaltblauen Caféhaus-Stühle, die eine ordentliche Portion Farbe in den Raum bringen. Donnerstags und freitags hat das Restaurant zusätzlich auch abends geöffnet, dann gibt es Cocktails und ein wöchentlich wechselndes Dinner-Menü.

Oostenburgergracht 75, 1018 NC Amsterdam
+31 (0)20 572 138 0
www.newwerktheater.com

BAR BUKOWSKI

Wir lieben die zwanglose Atmosphäre

Egal zu welcher Tageszeit, ein Besuch in der Bar Bukowski ist immer eine gute Idee. Die nach dem amerikanischen Dichter und Schriftsteller Charles Bukowski benannte Bar am beliebten *Oosterpark* bietet super leckeres Frühstück (inklusive hausgemachtem Kuchen), unkomplizierte Snacks wie Flammkuchen oder Nachos, eine gute Auswahl an Bieren sowie eine sonnige Eckterrasse, auf der man im Sommer den ganzen Abend draußen sitzen kann. Der separate Raum nebenan verwandelt sich jeden Donnerstag-, Freitag- und Samstagabend in *Henry's Bar*. Dann gibt's Cocktails und manchmal auch Livemusik. Alles in allem machen die lockere Atmosphäre, die soliden Drinks und Speisen sowie der angenehme Mix aus Locals und Amsterdam-Besuchern die Location zu einem sympathischen Hangout und Dauerbrenner für jeden Anlass.

Oosterpark 10, 1092 AE Amsterdam
+31 (0)20 370 168 5
www.barbukowski.nl

DE PLANTAGE

Wir lieben die traumhaft beleuchtete Terrasse

Was die Eröffnungsszene aus einem typischen Romantikstreifen sein könnte, ist in Wirklichkeit die Terrasse des Restaurants De Plantage. Die unzähligen kleinen Glühbirnen, welche in den Ästen der riesigen Platanen angebracht wurden, spenden ein warmes, gemütliches Licht und sorgen für eine unvergessliche Stimmung auf dem begrünten Platz vor dem bekannten *ARTIS*-Zoo. Einfach wunderschön! Die Küche des beeindruckenden Lokals mit seinen antiken Stahlkonstruktionen, riesigen, fast bodentiefen Fenstern und hohen Decken ist durchgängig geöffnet und serviert leckeres Frühstück, diverse Snacks sowie eine gute Auswahl an Gerichten der internationalen Küche. Unser Lieblingsplatz im Winter: direkt an der imposanten Marmortheke im Barbereich. Von dort aus überblickt man die verschiedenen Räume und den deckenhohen Feigenbaum in der Mitte des Foyers.

Plantage Kerklaan 36, 1018 CZ Amsterdam
+31 (0)20 760 680 0
www.caferestaurantdeplantage.nl

HOTEL ARENA

Wir lieben die ruhige und dennoch zentrale Lage am Oosterpark

Scheinbar endlos hohe Decken, riesige Fenster, dekorative Verzierungen und urige Holzbalken zeugen von der ereignisreichen Geschichte des Gebäudes. Was heute ein Viersternehotel ist, diente einst als katholisches Waisenhaus. Aufgrund des ungewöhnlichen Grundrisses des Hauses, der bis heute beibehalten wurde, ist jedes Zimmer einzigartig und besitzt seinen ganz individuellen Charakter. Besonders die zahlreichen Nischen, Ecken und Schrägen bringen Gemütlichkeit und Charme in die Räume. Der Eingang des Hotel Arena befindet sich direkt im idyllischen *Oosterpark*, einer der größten und schönsten Parks der Stadt, der sich für einen Spaziergang anbietet. Die umliegende Nachbarschaft *Amsterdam-Oost* ist trendy, aufstrebend und ebenso einen Bummel oder Spaziergang wert.

's-Gravesandestraat 55, 1092 AA Amsterdam
+31 (0)20 850 240 0
www.hotelarena.nl

THE STUDENT HOTEL AMSTERDAM CITY

Wir lieben die coolen Räder von Van Moof

Im Untergeschoss des Hotels befinden sich lange Gänge mit hunderten von Rädern der stylishen Amsterdamer Marke *Van Moof.* Ob wirklich alle für die Hotelgäste gedacht sind? Unsere Frage wird vom Personal (lachend) mit der Info beantwortet, dass das Hotel auch Fahrräder an die im Haus einquartierten Studenten verleiht. Letztere sind nämlich, neben den Hotelgästen, die Hauptzielgruppe des Hauses und können sich semesterweise ein Studio im Hotel mieten. Die öffentlichen Räume werden von Hotelgästen und Studierenden gleichermaßen genutzt – ein ungewöhnliches Konzept, das jedoch wunderbar funktioniert. Als ehemalige Druckfabrik hat das Gebäude Teile seines Industrial-Charakters behalten dürfen. Ausgestattet mit großflächigen Wandmalereien, Designermöbeln und Sichtbetonböden hat das Haus heute – passend zur Zielgruppe – einen jungen, urbanen Charakter.

Wibautstraat 129, 1091 GL Amsterdam
+31 (0)20 214 999 9
www.thestudenthotel.com

HOTEL V FIZEAUSTRAAT

Wir lieben das hauseigene Restaurant The Lobby

Vom bekannten Architekten Piet Zanstra entworfen, versteckt sich diese Schönheit in einer angenehm ruhigen und untouristischen, aber dennoch zentralen Lage Amsterdams. Der 70er-Jahre-Bau wirkt von außen etwas gewöhnungsbedürftig, ist von innen aber eine Entdeckung, die das Herz von Designfans höherschlagen lässt. Es erwartet einen ein loftartiges Interieur, welches sich erfreulicherweise deutlich von anderen, oft kahl und unpersönlich wirkenden Entwürfen dieser Art abhebt. Besonders das Restaurant des Hauses, *The Lobby*, begeistert mit seinem außergewöhnlich stilvollen Farbmix, bei welchem die Farben Grün, Gold und Braun die Hauptrollen spielen. Kein noch so grauer und windiger Amsterdamer Wintertag kann das warme, beruhigende Ambiente, das durch diese wunderschöne Farbkomposition erzeugt wird, trüben. Die Zimmer stehen dem Restaurant in Sachen Design in nichts nach und überzeugen mit durchdachten Grundrissen und vielen schönen Details aus Holz, Leder und Rattan.

Fizeaustraat 2, 1097 SC Amsterdam
+31 (0)20 662 323 3
www.hotelvfizeaustraat.nl

STOUT & CO.

Wir lieben die einmalige Lage zwischen dem östlichen Hafengebiet und De Plantage

Die Gegend um das Stout & Co. herum hat ihr ganz eigenes Flair. Hier mischen sich die prachtvollen Altbauten des *Plantage*-Viertels mit den breiten Straßen und der modernen, luftigen Architektur des *Oostelijk Havengebied*. Von hier aus hat man viele der Goodies, die Amsterdam zu bieten hat, direkt vor der Haustür und kann fast überall zu Fuß hinlaufen. Die Zimmer des „Luxury Bed & Breakfast" – so nennt sich das Stout & Co. selbst – sind im lässigen und minimalistischen 50er-Jahre-Stil eingerichtet und verfügen jeweils über ganz individuelle Farb- und Designthemen. Aufgefallen sind uns die hochwertigen und himmlisch duftenden Produkte im Bad, die von *Aesop* stammen. Auf der rückseitig gelegenen Terrasse kann man lesen, entspannen, in der Sonne liegen und in Ruhe in den Tag starten. Einfach schön!

Hoogte Kadijk 71, 1018 BE Amsterdam
+31 (0)20 220 907 1
www.stout-co.com

Oud-Zuid & De Pijp

Wer den Amsterdamer Süden besucht, wird um den bekannten *Museumplein* kaum herumkommen. Hier stehen die großen und bekannten Museen der Stadt, wie das *Van-Gogh-Museum*, das *Stedelijk Museum* und das *MOCO*. Südlich des Museumplein und direkt neben dem *Vondelpark* liegt das wohlhabendste Viertel der Stadt: *Oud-Zuid*. Hier befinden sich die teuersten Adressen der Niederlande. Kein Wunder, denn hier wohnt man zentral und trotzdem angenehm ruhig und grün in Amsterdams Vorzeige-Altbauten, nur einen Steinwurf vom eleganten Museumsviertel entfernt. Der „alte Süden" wird mit seinen traumhaften Villen und luxussanierten Häusern aus der Gründerzeit von den Amsterdamern, natürlich mit einem Schuss Ironie, „het reservaat" geschimpft. Damit ist eine Art Enklave des Wohlstandes gemeint, welche das Viertel unweigerlich darstellt. Dies sollte einen aber keineswegs von einem Besuch abhalten – ganz im Gegenteil! Auf der *P. C. Hooftstraat*, der *Cornelis Schuytstraat*, dem *Willemsparkweeg* und der *Beethovenstraat* kann man sich in den gemütlichen Cafés und exklusiven Boutiquen ganz wunderbar die Zeit vertreiben, stylish angezogene Amsterdamer bestaunen und den Nachmittag mit entspanntem Bummeln verbringen.

Südöstlich des Museumsquartiers wird es wieder etwas bodenständiger. Hier liegt das besonders bei Studenten beliebte Viertel *De Pijp* – das Quartier Latin der Stadt. Laut, jung, divers, quirlig, aber trotzdem relaxed, ein wenig alternativ und mit unzähligen Bars und Restaurants gespickt, ist De Pijp besonders für abends eine super Adresse. Die Vielfalt der Nachbarschaft spiegelt sich auch in ihrer Küche: Von marokkanischen Spezialitäten über vietnamesische Straßenküche bis hin zu Sushi und Dim Sum findet man hier essenstechnisch so ziemlich alles, was man sich vorstellen kann. Der größte Straßenmarkt der Stadt, der *Albert Cuypmarkt*, bietet auf einem ca. einen Kilometer langen Straßenabschnitt eine ebenso große Vielfalt an verschiedenen Lebensmitteln und Waren. Wirkte De Pijp aufgrund seiner Geschichte als Arbeiterviertel noch vor ein paar Jahren hier und da

etwas heruntergerockt und unaufgeräumt, hat die zunehmende Gentrifizierung auch in diesem Teil von Amsterdam dafür gesorgt, dass viele der Altbauten restauriert und aufgehübscht wurden. Damit sind die Mieten enorm gestiegen, weshalb die Studenten zunehmend aus dem Viertel verdrängt werden, um Platz zu machen für junge, hippe und gut betuchte Familien, denen man sonntags im idyllischen *Sarphatipark* (siehe S. 164) begegnet. Ein Stück Vergangenheit darf jedoch weiterhin bleiben: In der *P. L. Takstraat* findet man die „arbeiderspaleizen" (zu deutsch Arbeiterpaläste) der so genannten „Amsterdamer Schule", einer Architekturrichtung, die inspiriert ist vom Expressionismus des frühen 20. Jahrhunderts. Die Häuser dienten früher vor allem

als Unterkunft für die Arbeiter der Brau- und Diamantenindustrie, die sich in der näheren Umgebung befanden.

Noch weiter südlich auf der Karte befindet sich die *Zuidas* (zu deutsch Südachse) – das Bankenviertel der Stadt, das unter anderem das *World Trade Center Amsterdam* sowie das *RAI*, das Messezentrum der Stadt, beheimatet. Moderne Hochhäuser, schicke Restaurants und futuristische Glasbauten prägen das Bild des Viertels. Wer einen Stopp auf einem der Parkplätze macht, wird sich über die erschlagende Anzahl an Fahrrädern wundern – die Amsterdamer Geschäftsleute radeln eben, und zwar bei Wind und Wetter, mit Anzug und Aktentasche zur Arbeit.

GEORGE W. P. A.

Wir lieben das elegante und gleichzeitig relaxte Flair

Auch wenn im George an manchen Tagen das Motto „sehen und gesehen werden" zu herrschen scheint, geht es hier angenehm entspannt und gesellig zu. Mitten im schicken und wohlhabenden Stadtteil *Oud-Zuid* gelegen ist das enorm beliebte Lokal DER Dauerbrenner der Nachbarschaft, weshalb es im Sommer schier unmöglich sein kann, ohne längere Wartezeit einen der heißbegehrten Plätze mit Blick auf den eleganten *Willemsparkweg* zu ergattern. Die Küche des George ist den ganzen Tag geöffnet und bietet leckeres Frühstück, Sandwiches (Unser Favorit: das Chicken-Avocado-Sandwich!), niederländische Klassiker wie Bitterballen sowie Bistrogerichte wie Steak Frites und Austern an. Zentral gelegen und vom *Museumplein* in nur fünf Minuten zu Fuß erreichbar, ist die Location der perfekte Ort für eine Mittagspause nach dem Besuch eines der bekannten Amsterdamer Museen. Anschließend kann man in den benachbarten Straßen die traumhaft schönen Altbauten des Viertels bewundern.

Willemsparkweg 74, 1071 HK Amsterdam
+31 (0)20 470 253 0
www.cafegeorge.nl

THE SEAFOOD BAR

Wir lieben Seafood in kitschfreiem Ambiente

27 Jahre lang hatte der Gründer des Restaurants, Fons de Visscher, in der kleinen niederländischen Stadt Helmond als Fischhändler gearbeitet, als er Lust bekam, sich auf ein neues Abenteuer einzulassen. Angetrieben von seiner Leidenschaft für Meeresfrüchte und guten Wein, rief er das Konzept „The Seafood Bar" ins Leben und eröffnete in 2012 sein erstes Restaurant. Mittlerweile sind es vier Lokale: eines in Utrecht und drei in Amsterdam. Ganz ohne Fischernetze oder anderen maritimen Kitsch erwartet einen in allen Restaurants ein trendy Mix aus weißen Möbeln, Mosaik-Kacheln, Marmortheken und Designerlampen. Unser Favorit in Amsterdam ist dank seiner super Lage das Restaurant in der *Van Baerlestraat*, unweit der großen Museen der Stadt. Must Do: unbedingt eine der Meeresfrüchte-Etageren bestellen! Ohne Reservierung geht meist gar nichts, zumindest nicht ohne Wartezeit. Diese kann man aber wiederum wunderbar an der Bar verbringen und dort schon einmal ein Gläschen Wein bestellen.

Van Baerlestraat 5, 1071 AL Amsterdam
+31 (0)20 670 835 5
www.theseafoodbar.com

ARLES

Wir lieben die moderne französische Küche

In seinem hübschen Restaurant Arles – benannt nach der gleichnamigen französischen Stadt – kreiert Chefkoch Numa Muller seine Speisen wortwörtlich aus dem, was der Markt so hergibt. Der *Albert Cuypmarkt*, der wohl bekannteste und größte Straßenmarkt Amsterdams, liegt nämlich direkt um die Ecke und dient dem Team des Arles als Einkaufsparadies. Zusammen mit seinen beiden französischen Souschefs kocht Muller im Stil der „Neo-Bistro-Cuisine“: Hier werden also Bistroklassiker der französischen Küche neu interpretiert. Der Gast kann zwischen einem drei-, vier- oder fünfgängigen Menü wählen, welches regelmäßig wechselt und jedes Mal komplett neu zusammengestellt wird. Dazu gibt es eine gute Auswahl an französischen Weinen. In den verschiedenen Räumen sitzt man gemütlich bei gedimmtem Licht und kann das in edlen dunklen Farben gestaltete Interieur auf sich wirken lassen. Highlight: Die ausdrucksstarken Bilder an der Wand, die verschiedene Fotografien aus Arles zeigen.

Govert Flinckstraat 251, 1073 BX Amsterdam
+31 (0)20 679 824 0
www.arles-amsterdam.nl

COTTONCAKE

Wir lieben die Inneneinrichtung ganz in Weiß

Freunde des „Spätstückens" werden sich über diese, von außen eher unscheinbare, Boutique im Viertel *De Pijp* freuen. Das grandiose Frühstück des Cottoncake gibt's nämlich bis 15:30 Uhr, was den Store mit angeschlossenem Café im Hinterhof zu einer guten Adresse nach einer langen Nacht macht. Der sensationelle Kaffee stammt von *White Label Coffee*, die hausgemachten Kuchen sind glutenfrei und vegan. Daneben stehen Leckereien wie Avocado-Toast, Omeletts sowie hausgemachter Eistee und frisch gepresste Säfte auf dem Menü. Das Sortiment im Store ist sorgfältig zusammengestellt, man merkt, dass hinter dem Konzept und der Auswahl der Teile viel Leidenschaft steckt. So findet man hier unter anderem kuschelige Strickjacken von *Sita Murt*, neben Blusen und Tuniken mit Ethno-Print und derben Boots.

Eerste van der Helststraat 76HS, 1072 NZ Amsterdam
+31 (0)20 789 583 8
www.cottoncake.nl

SIR ALBERT HOTEL

Wir lieben den maskulin-eleganten Look

Das Sir Albert liegt mitten in *De Pijp* – Amsterdams Quartier Latin. In der direkten Umgebung findet sich der bekannte *Albert Cuypmarkt*, Amsterdams größter und beliebtester Straßenmarkt. Inspiriert von den künstlerischen Bewegungen vergangener Tage entstanden die unterschiedlichen Zimmerdesigns, die vom renommierten Studio *BK Architecture* entworfen wurden. Das Ergebnis ist ein edler, reduzierter und maskuliner Look in dunklen Farben mit liebevollen Details wie kunstvollen Teppichen und Kissen. Die öffentlichen Räume des Hotels sind mindestens genauso schön wie die Zimmer. Besonders die Lobby mit Kamin lädt mit ihren bequemen Sesseln und Couchen zum Relaxen ein. Das Herzstück des Hauses ist jedoch das japanische *Izakaya*-Restaurant, welches definitiv einen Besuch wert ist. Hier kann man den Köchen beim Zubereiten der Speisen auf dem Robata-Grill zuschauen.

Albert Cuypstraat 2–6, 1072 CT Amsterdam
+31 (0)20 710 725 8
www.sirhotels.com

MAX BROWN MUSEUM SQUARE

Wir lieben die heimelige Atmosphäre

Zwischen dem berühmten *Rijksmuseum* und Amsterdams Luxus-Einkaufsmeile *P. C. Hooftstraat*, versteckt in einer ruhigen Seitenstraße, liegt diese Perle. Die rötliche Backsteinfassade des klassischen Amsterdamer Altbaus wirkt auf Anhieb einladend und erinnert eher an ein normales Wohnhaus als an ein Hotel. Drinnen dominieren warme Braun- und Sandtöne, welche von Verkleidungen aus Holz ergänzt werden. Dazu kombiniert das Max Brown bequeme Ledersessel und -stühle sowie Deko und andere „Stehrumchen" in lässiger Flohmarkt-Optik. Hierdurch entsteht eine unaufdringliche Gemütlichkeit, die zum ungezwungenen Ambiente des Hauses beiträgt. Ein Highlight ist das kostenlose Frühstück, für welches täglich frisches Brot angeliefert wird. Auch die Lage ist super: Viele bekannte Museen, tolle Boutiquen, der schöne *Vondelpark* sowie zahlreiche beliebte Bars und Clubs befinden sich direkt um die Ecke. Kein Wunder, dass das Hotel so nachgefragt ist. Früh reservieren lohnt sich!

Jan Luijkenstraat 40–46, 1071 CR Amsterdam
+31 (0)20 710 721 1
www.maxbrownhotels.com

PILLOWS ANNA VAN DEN VONDEL

Wir lieben das helle Interieur in soften Pastellfarben

Angenehm ruhig und luftig hell – nach einer umfassenden Renovierung in 2017 präsentiert sich das Anna van den Vondel als pastellige Oase mitten in der Stadt. „Hier soll man sich wie zu Hause fühlen" lautet die Idee hinter dem Hotelkonzept. Ob das Konzept aufgeht? Eindeutig ja! Allein schon das Treppenhaus mit seiner wunderschönen Marmortreppe hat etwas angenehm Heimeliges. Statt wie gewohnt an einer klassischen Rezeption findet das Check-in der Gäste im *The Living* statt – so nennt das Hotel seinen Küchen-, Restaurant- und Wohnraum, welcher die drei Bereiche elegant miteinander verbindet und mit einem offenen Küchenblock versehen ist. Hier kann man den wechselnden Gastköchen beim Zubereiten der Menüs zusehen und fühlt sich tatsächlich ein wenig wie zu Hause. Die 31 Zimmer und Suiten bieten entweder schöne Ausblicke in den legendären *Vondelpark* oder auf die gegenüberliegenden Fassaden eleganter Amsterdamer Altbauten.

Anna van Den Vondelstraat 6, 1054 GZ Amsterdam
+31 (0)20 683 301 3
www.pillowshotels.com

QO AMSTERDAM

Wir lieben den mutigen Material- und Mustermix

Das QO ist ein Hotel, das sich das Thema Umweltfreundlichkeit ganz groß auf die Fahne geschrieben hat. Dies zeigt sich in allen Bereichen des Hauses: von den intelligenten Fenstern bis hin zum Dachgarten, aus welchem viele der Zutaten für die Speisen des Restaurants *Persijn* und der Bar *Juniper & Kin* stammen. Besonders wichtig war es dem Architektenteam, beim Bau nicht unnötig viele Ressourcen zu verbrauchen. Gleichzeitig sollte möglichst viel Tageslicht in die Räume integriert werden, weshalb sämtliche Zimmer des QO mit bodentiefen Fenstern ausgestattet sind. Dass Umweltfreundlichkeit – entgegen der Meinung Vieler – überaus sexy sein kann, zeigt das atemberaubende Interieur des Viersternehotels. Hier treffen schlichter Sichtbeton und kühles Holz auf pastellige Samtpolster und aufwändige Mosaikböden. Dazu werden exotische Tapeten und edle Messinglampen kombiniert – ein außergewöhnlicher Stilmix, den man nicht jeden Tag zu sehen bekommt.

Amstelvlietstraat 4, 1096 GG Amsterdam
+31 (0)20 220 565 0
www.qo-amsterdam.com

Westerpark, Oud-West & De Baarsjes

Der Westen Amsterdams ist trendy, vielseitig und bunt gemischt. Hier findet man einen Querschnitt durch sämtliche Alters- und Einkommensklassen. Die Gegend zwischen *Vondelpark* und *Singelgracht* heißt *Oud-West* und ist für ihre traumhaften Villen und restaurierten Altbauten bekannt. Dass Oud-West vor allem bei jungen, hippen Familien beliebt ist, wird deutlich, wenn man durch die Straßen und Cafés der Gegend zieht. Nördlich der *Kinkerstraat*, einer der Hauptstraßen des Viertels, befindet sich das Gelände des *De Hallen,* einem ehemaligen Straßenbahn-Depot, das liebevoll restauriert und anschließend zum hippen Food-Markt mit angeschlossenem Viersternehotel und schönen Boutiquen umfunktioniert wurde. Direkt vor De Hallen findet der beliebte *Ten Katemarkt* statt, der Straßenmarkt von Oud-West.

Weiter westlich liegen die beiden aufstrebenden Viertel *Bos en Lommer* und *De Baarsjes.* Hier eröffnen immer mehr hippe Geschäfte und Bars und es wird überall renoviert, umgestaltet und aufgehübscht. Besonders rund um die *Jan Evertsenstraat* findet man schöne Läden und beliebte Cafés wie das *White Label Coffee* (siehe S. 116), das *Café Cook* mit seiner schönen Terrasse oder das *Café Zürich,* das sich mitten auf dem *Mercatorplein* in einer Art Pavillon befindet. Gut shoppen und stöbern kann man auf der *De Clercqstraat* und dem *Overtoom.* Hier befinden sich viele schöne Möbel- und Einrichtungs-Boutiquen.

Neben schönen Boutiquen, Cafés und Restaurants hat der Westen mit gleich drei der größten Parks der Stadt, dem *Vondelpark,* dem *Rembrandtpark* und dem *Westerpark,* unheimlich viel Grünfläche zu bieten. Mitten im Westerpark gelegen bildet die *Westergasfabriek,* ein restauriertes Gaswerk, einen beliebten Treffpunkt der Amsterdamer – vor allem im Sommer, wenn man in den vielen Bars und Cafés des Geländes draußen sitzen kann.

CAFÉ RESTAURANT AMSTERDAM

Wir lieben, im Sommer auf der Terrasse unter Weinranken zu sitzen

Wer den riesigen Raum der ehemaligen Pumpstation zum ersten Mal betritt, mag zuerst etwas überwältigt sein. Die scheinbar endlos hohen Decken machen einen für einen Moment sprachlos. Gleichzeitig ist es hier kurioserweise angenehm gemütlich. Vielleicht dank der schlichten Bistromöbel oder der quirligen Stimmung? Was auch immer es ist, das den besonderen Vibe der Location ausmacht, den schwierigen Spagat zwischen schierer Größe auf der einen Seite und Gemütlichkeit auf der anderen Seite hat das Team vom Amsterdam mit Bravour gemeistert. Zum Ambiente der Location passt die leckere, aber unaufgeregte Bistroküche geradezu perfekt. Neben Dauerbrennern wie Coq au Vin oder Steak Tatar finden sich auch bekannte und beliebte Snacks wie Croque Monsieur auf der Karte. Im Sommer sitzt man gemütlich und gesellig eng beieinander auf der schmalen Terrasse unter Weinranken und kann die besondere Stimmung auf sich wirken lassen.

Watertorenplein 6, 1051 PA Amsterdam
+31 (0)20 682 266 6/7
www.caferestaurantamsterdam.nl

WHITE LABEL COFFEE

Wir lieben, dass man hier entspannt arbeiten kann

Was auf den ersten Blick wie ein typischer Hipster-Hangout der heutigen Zeit daherkommt, ist viel mehr als nur ein Treffpunkt für die kreative und hippe Großstadt-Crowd. Die Mischung aus coolem Design, leckerem Kaffee, freundlichen Mitarbeitern und einem angenehm gemischten Publikum macht das White Label Coffee zu einem Ort mit einem besonderen Vibe. Mit ihrer lockeren und lässigen, aber dennoch erstaunlich ruhigen Atmosphäre bietet die Rösterei mit angeschlossenem Café den perfekten Rahmen für entspanntes Arbeiten abseits der eigenen vier Wände. Mittels hell angestrichener Spanholz-Konstruktionen wurden hier verschiedene Ecken, Ebenen und Nischen geschaffen, in denen man sich samt Laptop gemütlich einrichten kann. Wer möchte, kann sich zudem im Shop mit dem Kaffee des Hauses eindecken, der an Ort und Stelle geröstet und auch an diverse Cafés und Restaurants geliefert wird.

Jan Evertsenstraat 136, 1056 EK Amsterdam
+31 (0)20 737 135 9
www.whitelabelcoffee.nl

TOKI

Wir lieben den unprätentiösen und geschäftigen Vibe des Eck-Cafés

Als beliebter Treff der Locals ist Toki schon lange ein alter Hase im hippen *Haarlemmer*-Viertel. Das Konzept ist denkbar einfach und trotzdem hat das Café seinen ganz besonderen Charme. Vielleicht ist es die schöne Ecklage in Nähe der „Bilderbuch-Gracht" *Brouwersgracht,* die uns immer wieder hierherkommen lässt? Oder das ungewöhnliche Interior Design mit dem kobaltblauen Boden und den bunten Verkleidungen? Oder der leckere Kaffee sowie der mindestens genauso leckere, hausgemachte Kuchen? Wie dem auch sei: Wir lieben dieses Mini-Hideaway, denn es ist der perfekte Ort für eine kurze Pause, mit oder ohne Laptop. Und das entspannterweise abseits der Menschenmassen des Grachtengürtels, der direkt vor der Haustür liegt.

Binnen Dommersstraat 15, 1013 HK Amsterdam
+31 (0)20 363 600 9
www.tokiho.amsterdam

FIVE BROTHERS FAT

Wir lieben den leckeren Cava und die gesellige Stimmung

Inspiriert vom *Can Paixano* (auch als *La Xampanyeria* bekannt), einer legendären Cava-Bar in Barcelona, entschieden sich die Jungs von Five Brothers Fat, das dort enorm erfolgreiche Konzept, Tapas und Cava in lockerer Atmosphäre, nach Amsterdam zu bringen. Gesagt, getan: In ihrem stylishen, aber gleichzeitig unglaublich gemütlichen Lokal im Amsterdamer Westen liegt getränkemäßig der eindeutige Fokus auf dem Original-Cava aus ebendieser Bar in Barcelona. Cocktails und Champagner gibt es auch. Dazu passen die bekannten spanischen Tapas-Klassiker wie Croquetas, Jamón Serrano und Pimientos de Padrón sowie einige südamerikanisch inspirierte Kleinigkeiten, wie Ceviche oder Picanha, einfach perfekt. Eine zweite Dependance der Tapas-Bar findet man übrigens auf der *Hobbemakade* im szenigen Viertel *De Pijp*.

De Clercqstraat 56, 1052 NH Amsterdam
+31 (0)20 776 077 0
www.fivebrothersfat.nl

WORST WIJNCAFÉ

Wir lieben das ungewöhnliche Konzept

Wein mit Wurst, im Ernst? Was auf Anhieb eher gewöhnungsbedürftig klingt, funktioniert tatsächlich gut. Sehr gut sogar, wie die große Beliebtheit des Worst Wijncafé beweist. Gut „versteckt", will heißen abseits der bekannten Touristenpfade, findet man dieses kleine Juwel im Viertel *Westerdok*. Das Konzept: Hier gibt es leckere hausgemachte Wurst-Spezialitäten mit den dazu passenden Weinen. Daneben stehen auf der Karte ein paar Speisen ohne Fleisch, wie zum Beispiel Linsen mit Spitzkohl oder dünn geschnittener Knollensellerie mit Ziegenkäse und Radicchio. Die Gerichte sind von der Größe her tapas-ähnlich, weshalb es Sinn macht, mehrere Kleinigkeiten zu bestellen und mit seiner Begleitung zu teilen. Unsere Favoriten: Die Wildschweinwurst mit Kürbis und Salbei sowie die Aufschnittplatte mit fünf verschiedenen Wurst- bzw. Schinkensorten. Dazu den passenden Wein bestellen – einfach perfekt!

Barentszstraat 171, 1013 NM Amsterdam
+31 (0)20 625 616 7
www.deworst.nl

CONSCIOUS HOTEL WESTERPARK

Wir lieben die schöne Bar im Restaurant Kantoor

Was einst als Gaswerk der Stadt Amsterdam diente, ist heute ein Komplex aus mehreren Gebäuden, in welchen nach und nach diverse Restaurants, Bars, Galerien, Boutiquen und seit 2018 auch der neueste Ableger der *Conscious Hotel*s ihre Heimat gefunden haben. Mitten im beliebten *Westerpark* gelegen, vor allem im Sommer einer der beliebtesten Treffpunkte der Amsterdamer, herrscht auf dem weitläufigen Gelände eine ganz besondere Stimmung. Der Zugang zum Hotel erfolgt durch den hauseigenen Shop – mit seinen rosa gestrichenen Wänden ein Eye-Catcher für sich. Wer rechts abbiegt, betritt eine Art Zwischenraum, der als Bibliothek und Arbeitsplatz genutzt werden kann. An diesen schließt sich das Restaurant des Hauses, *Kantoor*, an. Die dunkelgrüne Wandfarbe und das gedimmte Licht sorgen in dem durchgestylten Raum mit seiner einmalig schönen Bar für eine stimmungsvolle Wohlfühl-Atmosphäre. Das Highlight in den Zimmern: der schöne Ausblick ins Grüne.

Haarlemmerweg 10, 1014 BE Amsterdam
+31 (0)20 820 333 3
www.conscioushotels.com

HOTEL NOT HOTEL

Wir lieben die hinter Bücherwänden versteckten Zimmer

„Wohnen wie Harry Potter!" Das ist der erste Gedanke, der uns beim Betreten der oberen Etage des Hotel Not Hotel in den Sinn kommt. Grund hierfür sind die langen Bücherwände, welche mit versteckten Türen versehen wurden, die zu den Zimmern führen. Die individuell gestalteten Zimmer sind zwischen 5 und 23 m² groß und verfügen über ein eigenes Bad oder Zugang zu einem Gemeinschaftsbad. Sie sind aber nicht das einzig originelle Feature des Hauses, es gibt noch weitere Kuriositäten zu

bewundern. Da wäre zum Beispiel der alte Straßenbahnwagen, der mitten in der Lobby steht und in welchem tatsächlich auch Gäste übernachten können. Oder die außergewöhnlichen Kunstwerke und Installationen, die teilweise begehbar oder sogar „bekletterbar" sind. Gelegen im Viertel *De Baarsjes,* einem aufstrebenden Teil von *Amsterdam-West,* bietet das Hotel eine gute Ausgangslage, wenn man Lust hat, sich abseits der bekannten Touristenpfade zu bewegen.

Piri Reïsplein 34, 1057 KH Amsterdam
+31 (0)20 820 453 8
www.hotelnothotel.com

MORGAN & MEES

Wir lieben den edlen Farbmix der Einrichtung

Schwarz, Weiß und Braun. Mehr braucht es nicht, um ein stilvolles, zeitloses und gleichzeitig angenehm gemütliches Ambiente zu schaffen. Perfekt aufeinander abgestimmt findet man diese drei Farben in allen Bereichen des Boutique-Hotels wieder, ergänzt um den ein oder anderen Farbtupfer, der das Farbtrio hier und da etwas aufbricht. Die Zimmer und Suiten erstrecken sich teilweise über zwei Etagen und sind mit super komfortablen Boxspringbetten von *COCO-MAT* ausgestattet. Einen Bonuspunkt gibt es für die tollen Beautyprodukte der Amsterdamer Marke *Marie Stella Maris*. Zwischen dem Amsterdamer Westen und dem malerischen Viertel *Jordaan* mit seinen vielen engen Gassen gelegen, ist das Morgan & Mees ein perfekter Ausgangspunkt für einen City-Trip. Den idyllischen *Westerpark* erreicht man in ca. 15 Minuten zu Fuß, das besonders im Sommer sehr beliebte Lokal *Waterkant* liegt nur zehn Gehminuten entfernt.

Tweede Hugo de Grootstraat 2–6, 1052 LC Amsterdam
+31 (0)20 233 493 0
www.morganandmees.com

HOTEL VAN DE VIJSEL

Das Chalet-Feeling des Hauses

Was früher ein bekanntes Holzhandels-geschäft war, ist heute ein Boutique-Hotel mit dem Flair eines Schweizer Chalets. Die Spuren des ehemaligen Betriebes *Houthandel van de Vijsel*, von welchem der Name des Hotels abgeleitet wurde, sind überall zu finden. Wie schön, dass die Geschichte des Hauses auf so charmante Art in die Einrichtung mit einfließen durfte! Aufgrund der Vergangenheit der Location wundert es wenig, dass das klar dominierende Material des Interieurs Holz ist. Ergänzt um Elemente aus Backstein, Stahl und Glas entsteht ein loftiges und modernes, aber gleichzeitig gemütliches Ambiente. An der Honesty-Bar kann man sich nach Lust und Laune bedienen und sich beispielsweise vor dem Dinner einen Drink in der Lobby genehmigen. Alles in allem bietet das van de Vijsel ein super Preis-Leistungs-Verhältnis in zentraler Citylage. Gut zu wissen: Das Hotel ist komplett bargeldlos.

Overtoom 13–17, 1054 HA Amsterdam
+31 (0)20 810 089 0
www.hotelvandevijsel.com

Must Dos

IN EINEM BRÜCKENHAUS
ÜBERNACHTEN

Wir lieben die einmalige Lage auf Amsterdams Gewässern

Sieben Jahre lang arbeiteten die beiden Initiatoren an diesem innovativen Hotelprojekt, bevor die ersten 11 Hotelzimmer eröffnet werden konnten. In den nächsten Jahren werden 17 weitere Zimmer folgen, dann ist das Projekt Sweets Hotel abgeschlossen. Hat sich dieser enorme Aufwand für „nur" 28 Zimmer gelohnt? Ja! Bei diesen handelt es sich nämlich nicht etwa um normale Hotelzimmer, sondern um einzelne Brückenhäuschen, die früher den Amsterdamer Brückenwärtern an den Grachtenschleusen der Stadt als Herberge dienten. Mit viel Liebe zum Detail wurden diese von den Machern des Sweets Hotel zu individuellen Designperlen umfunktioniert und bieten nun (mit wenigen Ausnahmen) Platz für jeweils zwei Gäste. Auf der Website des Hotels gibt es eine Übersicht der einzelnen Häuschen. Viele davon stehen in touristisch weitestgehend unerschlossenen Gegenden und sind somit ein absoluter Geheimtipp, um Amsterdam einmal von seiner authentischen Seite kennenzulernen. Ein- und ausgecheckt wird übrigens bequem per App – unkompliziert und praktisch. Wer möchte, kann zudem den Kühlschrank seiner Brückenhäuschen füllen lassen oder einen Frühstücksservice buchen. Alles in allem ist eine Übernachtung in einem der Brückenhäuschen eine einmalige Erfahrung, die sich mit keinem anderen Hotelerlebnis vergleichen lässt!

+31 (0)20 740 101 0
www.sweetshotel.amsterdam

Czaar Peterstraat

SHOPPEN WIE DIE LOCALS

HAARLEMMERSTRAAT

An der nördlichen Grenze des *Jordaan*-Viertels findet man eine große Auswahl an spannenden Boutiquen, Restaurants und Cafés. Laut und quirlig geht es hier zu; das Viertel ist bei vielen Einheimischen eine Anlaufstelle für die Besorgungen des täglichen Lebens. Eine gute Idee ist es, im östlichen Teil in Nähe des Hauptbahnhofs auf der *Haarlemmerstraat* anzufangen und sich Richtung Westen zum *Haarlemmerdijk* „hochzuarbeiten".

UTRECHTSESTRAAT

Diese beliebte Straße im Zentrum bietet eine große und bunt gemischte Auswahl an Restaurants, Boutiquen und Cafés für jeden Geschmack. Trendy Concept Stores wie *Maison NL* oder *We Are Labels,* Modeboutiquen wie *Samsøe & Samsøe* und *Essentiel* sowie Möbelgeschäfte wie *Bolia* und *Mobilia* ziehen eine designbewusste Crowd an.

CORNELIS SCHUYTSTRAAT

Mit seinen atemberaubend schönen Amsterdamer Altbauten sowie den gepflegten, ruhigen Straßen lädt das Viertel *Oud-Zuid* zum entspannten Bummeln ein. Obwohl sich die Gegend nur einen Katzensprung vom *Museumplein* befindet, geht es hier überraschend ruhig und untouristisch zu. Wer ohnehin einen Museumsbesuch geplant hat, kann danach einfach vom *Museumplein* aus den schönen *Willemsparkweg* entlanglaufen. Nach ca. 5–8 Gehminuten erreicht man die Haupteinkaufsstraße des Viertels, die *Cornelis Schuytstraat.*

CZAAR PETERSTRAAT

In der hippen und immer beliebter werdenden Gegend rund um die *Oostelijke Eilanden* (östliche Inseln) findet man diese versteckte kleine Einkaufsstraße. Hierher verirren sich nur wenige Touristen, sodass man auf der „CP", wie die Straße von Einheimischen liebevoll genannt wird, entspannt unter Amsterdamern bummeln kann. Ein abwechslungsreicher Mix aus kleinen Boutiquen, hübschen Einrichtungsläden sowie Delikatessenläden wie der legendäre Käseladen *Abraham Kef* sorgen für ein gemütliches und entspanntes Shopping-Erlebnis.

9 STRAATJES

Auch wenn die charmanten *Negen Straatjes* (zu deutsch neun Straßen) kein Geheimtipp mehr sind, lohnt sich ein Bummel dort auf jeden Fall. Idyllisch im Grachtengürtel zwischen den „Vorzeigegrachten" *Singel, Herengracht, Keizersgracht* und *Prinsengracht* gelegen und mittels zahlreicher kleiner Brücken verbunden, bieten sie ein einmaliges Shopping-Erlebnis. Seit über 400 Jahren werden hier in kleinen Boutiquen und lokalen Läden mit „Tante-Emma-Feeling" Kleidung, Möbel, Antiquitäten und Accessoires verkauft. Tipp: In den Geschäften des Viertels liegt ein Guide in Form einer faltbaren Karte aus – mit dessen Hilfe hat man eine bessere Orientierung im Straßengeflecht.

FEST

NIEDERLÄNDISCHES DESIGN

Dass die Niederländer ein besonderes Gespür und Talent für Design haben, ist nun wirklich kein Geheimnis mehr. Marken wie *Moooi*, *FEST* oder *Scotch & Soda* sind international bekannt und weltweit beliebt – vollkommen zu Recht! Egal, ob in Sachen Interior Design oder Mode: Die oft mutigen, unkonventionellen, farbenfrohen und gleichzeitig erstaunlich durchdachten Entwürfe punkten mit ihrer Andersartigkeit und mischen die internationale Design-Szene ordentlich auf. Genau deshalb darf ein wenig Design-Shopping (oder wenigstens ein Schaufensterbummel) bei einem Besuch in Amsterdam nicht fehlen. Im Folgenden unsere Lieblingsadressen, wenn es um niederländisches Design geht.

FEST

Das junge Label wurde erst in 2013 gegründet, ist aber jetzt schon ein Favorit in der niederländischen Möbel-Szene. Das Konzept hinter der Marke lautet „zeitloses High-End-Design zu bezahlbaren Preisen". Die Kollektionen werden komplett in Europa hergestellt – ein Großteil davon sogar in den Niederlanden.

Van Woustraat 111, 1074 AH Amsterdam
+31 (0)20 261 516 6
www.fest.amsterdam

THE FROZEN FOUNTAIN

Seit 1985 gibt es den an der malerischen *Prinsengracht* gelegenen Concept Store nun schon. Neben bekannten Designs, unter anderem von *Eames, Piet Hein Eek* und *Marcel Wanders*, findet man auch Produkte von günstigeren und weniger bekannten Labels. Von Kunst, über Coffee Table Books, bis hin zu Möbeln und Textilien gibt es hier so ziemlich alles, was das designverrückte Herz begehrt.

Prinsengracht 645, 1016 HV Amsterdam
+31 (0)20 622 937 5
www.frozenfountain.com

MOBILIA

Auf der beliebten Shopping-Straße *Utrechtsestraat* ist Mobilia seit 1975 eine beliebte Anlaufstelle für Interior-Fans. Neben dem Verkauf von Designermöbeln, Deko und Textilien realisiert Mobilia Einrichtungsprojekte jeglicher Art. Zum Beispiel hat das Team das beliebte Café und Restaurant *De Plantage* eingerichtet. Ein Besuch im Laden lohnt sich allein wegen des tollen Ambientes – der wunderschöne Store befindet sich in den Mauern eines alten Amsterdamer Townhouses.

Utrechtsestraat 62–64, 1017 VR Amsterdam
+31 (0)20 622 907 5
www.mobilia.nl

MOOOI

Ausgefallen, ein wenig „freaky" und oft mit einem Augenzwinkern designt – diese Merkmale kennzeichnen die Entwürfe der Einrichtungsmarke *Moooi*. Der Markenname (allerdings mit einem statt mit drei „o") bedeutet auf Niederländisch übrigens passenderweise „schön". In dem über 800 Quadratmeter großen Ausstellungsraum im idyllischen *Jordaan*-Viertel kann man sich super in Sachen Einrichtung für zu Hause inspirieren lassen.

Westerstraat 187, 1015 MA Amsterdam
+31 (0)20 528 776 0
www.moooi.com

X BANK

Gegenüber des trendy *W Hotel* im Zentrum Amsterdams befindet sich dieser Concept Store auf 700 Quadratmetern. Verkauft werden Mode, Einrichtung und Kunst von über 180 verschiedenen niederländischen Labels; von aufstrebenden Künstlern bis hin zu etablierten Marken wie *Anecdote* und *Scotch & Soda* ist alles dabei.

Spuistraat 172, 1012 VT Amsterdam
+31 (0)20 811 332 0
www.xbank.amsterdam

DROOG

Diese außergewöhnliche Location im Grachtengürtel versteht sich als Hotel, Café, Ausstellungsraum, Bibliothek und Design-Shop in einem. Wer die verschie-

denen Säle des Droog betritt, den erwartet ein außergewöhnlicher Design-Mix, der gute Laune macht. Fangen wir einmal ganz oben an: Dort befindet sich das *One and Only Bedroom* – ein lichtdurchflutetes, gemütliches Apartment mit Blick über die Dächer Amsterdams, welches zur Vermietung an Gäste freisteht. Die weiteren Räume des Droog sind aber mindestens genauso sehenswert. So zum Beispiel das Café des Hauses – der perfekte Ort für eine Shopping-Pause.

Staalstraat 7-A, 1011 JJ Amsterdam
+31 (0)20 523 505 0
www.droog.com

HUTSPOT

Was früher als Produktionsstätte einer Sirup-Fabrik diente, ist heute das moderne Stadtquartier eines angesagten Concept Stores. Auf der lebendigen Shoppingmeile *Rozengracht* gelegen lädt Hutspot mit seinen historischen Säulen und seinem luftigen, angenehm cleanen Ambiente zum entspannten Bummeln und Kaffeetrinken ein. Shoppingfans finden hier einen außergewöhnlichen Mix aus Kleidung, Accessoires, Kunst sowie diversen Gadgets und Schreibartikeln. Ergänzt werden diese um eine gute Auswahl an lokalen Marken aus Amsterdam.

Rozengracht 204–210, 1016 NL Amsterdam
+31 (0)20 370 870 8
www.hutspot.com

X BANK

MIT DER FÄHRE NACH NDSM

NDSM ist das Gelände einer stillgelegten Werft und befindet sich auf der „Overkant" – so nennt der Amsterdamer den Stadtteil nördlich des *IJ*-Gewässers, *Amsterdam-Noord*. Hier haben sich in den letzten Jahren zahlreiche Künstler, Kreative und Querdenker niedergelassen, was für eine große Vielfalt an Events, Flohmärkten, Open-Air-Konzerten und Partys sorgt. Mittlerweile ist NDSM eine Art kultureller Hotspot, was auch erklärt, weshalb sich hier einige spannende Restaurants und Locations finden. Ein Besuch lohnt sich allein schon wegen der Überfahrt. Mit der kostenlosen Fähre von der Rückseite des Amsterdamer Hauptbahnhofs, *Amsterdam Centraal,* gelangt man in ca. 10 Minuten auf die andere Seite des IJ und kann während der Fahrt den grandiosen Blick auf die Skyline der Stadt genießen – ein guter Weg, um ein wenig kostenloses Sightseeing zu machen!

DIE STADT MIT DEM RAD ERKUNDEN

Ganz nach dem Motto „When in Amsterdam, do it like the Amsterdamers", sind wir der Meinung, dass man eines bei einem Besuch in der niederländischen Hauptstadt keinesfalls verpassen sollte: die City per Drahtesel zu erkunden. Mal abgesehen davon, dass die Niederländer ohnehin eine Fahrradfahrer-Nation sind, liegen die Gründe für die enorme Beliebtheit des Radfahrens in Amsterdam auf der Hand. Da wären zum Beispiel die engen Gassen und Grachten der Innenstadt mit ihren unzähligen Einbahnstraßen, die das Autofahren schnell zur Wutprobe machen. Vor allem ungeübte Besucher, die die oft chaotischen Verkehrsverhältnisse nicht gewohnt sind, werden hier schnell verzweifeln.

Wer im Café sitzt und den Amsterdamer Fahrradverkehr „aus sicherer Entfernung" beobachtet, mag sich zunächst fragen, warum er sich in die scheinbar unkontrollierbaren Massen der radelnden Bevölkerung hineinbegeben soll. Das kann doch nur Stress bedeuten? Die Antwort lautet: Weil es definitiv keinen schöneren Weg gibt, um die Stadt zu erkunden! Keine Angst, was auf den ersten Blick chaotisch wirkt, funktioniert in Wahrheit wunderbar, wenn man sich an ein paar einfache Regeln hält (siehe nächste Seite). Außerdem macht das

Radeln durch Amsterdams Straßen nicht nur riesigen Spaß, sondern hat auch den schönen Nebeneffekt, dass man viel mehr mitbekommt von der ganz speziellen Dynamik der Stadt mit ihrem chaotischen und gleichzeitig so unwiderstehlich idyllischen Charme. Der deutlich größere Radius, den einem das Radfahren ermöglicht, führt zudem dazu, dass man an einem Tag viel mehr sehen und erleben kann und sich schneller aus dem (leider oft überlaufenen) Grachtengürtel in die umliegenden Wohnviertel heraus bewegt, in welchen sich das „echte" Leben abspielt. Auf dem Weg durch die verschiedenen Viertel lassen sich die tollen Parks und Grünflächen durchqueren – mehr dazu auf S. 154. Und wer doch lieber im Grachtengürtel bleibt, kann sich auch hier mit dem Fahrrad schnell und flexibel bewegen. Sogar das Befahren von Einbahnstraßen ist für Radfahrer erlaubt, was Vieles vereinfacht.

Einige Hotels bieten einen hauseigenen Fahrradverleih. Rechtzeitig reservieren lohnt sich: Bei Ankunft sind erfahrungsgemäß die meisten Räder schon vergriffen. Unsere Tipps für gute Adressen fürs Ausleihen finden Sie auf den nächsten Seiten. Aber „safety first"! Bevor es losgeht, ein paar hilfreiche Tipps für sicheres Radeln:

- Fahren Sie immer „mit dem Strom".
- Meiden Sie stark befahrene Hauptstraßen.
- Achten Sie auf die Straßenbahn (und deren Schienen!).
- Radeln sie niemals in zweiter Reihe, außer dort, wo genügend Platz ist (z. B. im Park).
- Biegen Sie nicht abrupt ab und steigen Sie niemals auf dem Fahrradweg ab.
- Achten Sie auf die Rollerfahrer, die ebenso die Fahrradwege nutzen – und dies meist in einem Wahnsinnstempo!

Last, but not least: Auch wenn der hartgesottene Amsterdamer nicht davor zurückschreckt, sich auch bei Wind und Regen aufs Rad zu schwingen – empfehlen können wir dies nicht. Zum einen sind die Kopfsteinpflaster der Grachten im Winter schnell glatt und auch der starke, eisige Wind ist nicht zu unterschätzen. Am besten hebt man sich also das Radeln für die milderen Jahreszeiten auf.

Auch wenn es in Amsterdam Fahrradverleihe wie Sand am Meer gibt, die dort angebotenen Räder sind oft quietschbunt und mit Werbung zugepflastert. Somit haben sie meist wenig bis gar nichts mit einem authentischen Hollandrad gemeinsam. Wie schade! Viel schöner (und nicht sofort als „Touri" erkennbar) fährt es sich auf klassischen schwarzen Hollandrädern. Im Folgenden drei Anbieter, bei welchen man diese ausleihen kann.

BLACK BIKES

Mit 13 Filialen und über 2.000 Fahrrädern ist dies der größte Fahrradverleih Amsterdams. Hier kann man authentische Hollandräder mit Rücktrittbremse und ohne unnötigen Schnickschnack mieten. Einen Pluspunkt gibt's für die besonders langen Öffnungszeiten.

Nieuwezijds Voorburgwal 146,
1012 SJ Amsterdam
+31 (0)85 273 745 4
www.black-bikes.com

STAR BIKES

Neben klassischen Hollandrädern der Marke *Sparta*, erhältlich auch mit Gepäckträger vorne (vielleicht für den Picknickkorb?), hat der direkt am Hauptbahnhof gelegene Verleih auch Tandem-Bikes oder Spezialräder für körperlich eingeschränkte Personen im Programm.

De Ruijterkade 143, 1011 AC Amsterdam
+31 (0)20 620 321 5
www.starbikesrental.com

BIKE CITY

Die schwarzen Hollandräder und E-Bikes von Bike City sind super bequem. Die Lage des Geschäfts mitten im *Jordaan*-Viertel bietet einen guten Ausgangspunkt für schöne Touren und entspanntes Radeln.

Bloemgracht 68–70, 1015 TL Amsterdam
+31 (0)20 626 372 1
www.bikecity.nl

Ten Katemarkt

BUMMELN AUF AMSTERDAMS MÄRKTEN

IJ-HALLEN

Der größte Flohmarkt Europas befindet sich in *Amsterdam-Noord*. Einfach vom Amsterdamer Hauptbahnhof die kostenlose Fähre 906 nach *NDSM* nehmen und nach Ankunft fünf Minuten zu Fuß laufen, schon ist man auf dem riesigen und beeindruckenden Gelände des Markts, welches direkt am Wasser liegt. Verkauft werden Vintage-Kleidung, Möbel, Accessoires und vieles mehr.

T.T. Neveritaweg 15 (Noord)
Jeweils an einem Wochenende im Monat
von 09:00–16:30 Uhr, Eintritt: 5 Euro,
genaue Infos gibt's auf www.ijhallen.nl

NOORDERMARKT

Der Hausmarkt des trendy *Jordaan*-Viertels ist perfekt für alle, die einen kleinen Bummel in entspannter Atmosphäre machen wollen. Hier gibt es montags eine Mischung aus Flohmarktwaren und Antiquitäten und samstags Bio-Lebensmittel sowie einen Wochenmarkt in der benachbarten *Lindengracht*. Wer Lust hat, kann im Anschluss bei *Winkel 43* (siehe S. 157) den legendären Apfelkuchen probieren.

Prinsengracht 1015 (Jordaan)
Mo. 09:00–13:00 & Sa. 09:00–16:00 Uhr

DAPPERMARKT

Hier geht es sehr „multikulti" und gleichzeitig – anders als etwa auf dem bekannten *Albert Cuypmarkt* im Viertel *De Pijp* – noch entspannt untouristisch zu. Aufgeteilt auf ca. 250 Stände werden auf dem riesigen Tagesmarkt, welcher zum besten Markt der Niederlande gewählt wurde, Waren unter anderem aus Afrika, Indien und Vietnam angeboten – und das zu sehr günstigen Preisen. Die Atmosphäre erinnert an die eines türkischen Basars: laut, quirlig, geschäftig und einfach einmalig.

Dapperstraat, Tramhaltestelle Muiderpoort
oder Eerste van Swinden Straat (Oost)
Mo. bis Sa. 09:00–17:00 Uhr

TEN KATEMARKT

Direkt neben dem Hipster-Hangout *De Hallen* findet man diesen Markt, den es schon seit 1912 gibt. Er liegt etwas versteckt in einer unscheinbaren Seitenstraße der *Kinkerstraat*. Verkauft werden unter anderem günstiges Gemüse und Obst, Kleidung, Brot, Antipasti und Blumen.

Ten Katestraat 97–99 (Oud-West)
Mo. bis Sa. 09:00–17:00 Uhr

EIN PICKNICK IM PARK

SARPHATIPARK

Der rechteckige Park des Viertels *De Pijp,* dem Quartier Latin von Amsterdam, ist zwar nur knappe zwei Blocks lang, aber trotzdem einer der schönsten der Stadt. In der Mitte befindet sich ein künstlich angelegter See, an dessen Ufer man im Sommer entspannt sein Handtuch ausbreiten kann – perfekt für ein Picknick! Das auffallend schöne Monument von *Dr. Samuel Sarphati,* einem jüdischen Arzt und Namensgeber des Parks, ist ebenso einen Besuch wert.

VONDELPARK

Von Geheimtipp kann bei diesem, wohl beliebtesten und bekanntesten Park von Amsterdam sicherlich nicht die Rede sein. Macht nichts, denn auch, wenn er zu jeder Jahreszeit gut besucht ist, verteilen sich die Menschenmassen aufgrund seiner enormen Fläche und der vielen verwinkelten Ecken und „versteckten" Pfade erstaunlich gut. So findet man auch im Hochsommer immer ein ruhiges Plätzchen für eine Pause auf dem Rasen und kann dabei die vielen Fahrradfahrer, Gassigeher und Sonnenanbeter beobachten.

WESTERPARK

Obwohl er quasi direkt an den lebhaften Grachtengürtel anschließt, kommt es einem im Westerpark so vor, als sei man schlagartig in einer anderen Welt gelandet. Als eine der größten Grünflächen der Stadt beheimatet er die *Westergasfabriek,* eine Kulturstätte, die in den Gebäuden eines ehemaligen Gaswerks gelegen ist. Im Sommer finden auf dem Gelände Konzerte, Open-Air-Kino-Vorstellungen und diverse Partys statt, im Winter kann man durch die Galerien und Ausstellungen schlendern. Die Bars und Restaurants der Westergasfabriek, wie z. B. die Brauerei *Troost* (siehe S. 167) oder das *Mossel en Gin,* bieten sich definitiv für einen Besuch an. Und wer Lust hat, in den Mauern des ehemaligen Gaswerks zu übernachten, checkt im angesagten *Conscious Hotel Westerpark* (siehe S. 120) ein.

FLEVOPARK

Im Osten Amsterdams, direkt am Wasser gelegen, findet man diesen lauschigen und gemütlich verwachsenen Park. Besonders im Sommer der perfekte Ort, wenn man den Menschenmassen im Grachtengürtel, an den Stränden und in den Biergärten entkommen möchte. Einen Besuch im *'t Nieuwe Diep,* einer Destillerie mit einem schönen Garten am Teich, nicht vergessen!

Westerpark

Sarphatipark

Vondelpark

APPELTAART ESSEN

Die Niederländer lieben ihre Appeltaart. Wir auch! Genau deshalb darf bei einem Besuch in Amsterdam eine Apfelkuchen-Pause einfach nicht fehlen. Am besten mit Sahne („slagroom") bestellen und dazu noch eine heiße Schokolade. Guten Appetit!

WINKEL 43

DER Klassiker schlechthin und am Wochenende unschwer an der Schlange vor der Tür zu erkennen. Aber das Warten lohnt sich, denn der Apfelkuchen von Winkel 43 ist einfach unfassbar lecker. Auch die Lage spricht für sich: Mit Blick auf den schönen *Noordermarkt* sitzt man hier im Sommer idyllisch und ruhig und hat trotzdem den lebhaften Grachtengürtel und das *Jordaan*-Viertel direkt vor der Tür.

Noordermarkt 43, 1015 NA Amsterdam
+31 (0)20 623 022 3
www.winkel43.nl

CAFÉ 'T SLUISJE

Seit über 100 Jahren gibt es diesen Dauerbrenner in *Amsterdam-Noord* nun schon. Den Stadtteil erreicht man einfach und unkompliziert mit der kostenlosen Fähre, welche direkt hinter dem Hauptbahnhof, *Amsterdam Centraal*, abfährt und das *IJ* in ca. 10 Minuten überquert. Die Appeltaart des urigen Cafés wird aus saftigen Landäpfeln gebacken und kann im Sommer auf der sonnigen Terrasse genossen werden.

Nieuwendammerdijk 297,
1025 LM Amsterdam
+31 (0)20 636 171 2
www.cafehetsluisje.nl

CAFÉ PAPENEILAND

Dieses Café aus 1642 ist eine echte Institution im schönen *Jordaan*-Viertel und liegt direkt auf einer der Vorzeigegrachten der Stadt – der *Prinsengracht*. Hier gehen viele Locals ein und aus. Aufgrund seiner Lage ist das Papeneiland der perfekte Ausgangspunkt, um anschließend, natürlich gestärkt durch den leckeren Kuchen des Hauses, durch den Grachtengürtel zu schlendern.

Prinsengracht 2, 1015 DV Amsterdam
+31 (0)20 624 198 9
www.papeneiland.nl

KUNST ABSEITS DER
GROßEN MUSEEN

Ein Besuch in einem der weltberühmten Museen am *Museumplein* gehört für viele zu einem Amsterdam-Trip fest mit dazu. Neben den offensichtlichen Adressen, wie dem *Rijksmuseum,* dem *Stedelijk Museum,* dem *Van-Gogh-Museum* und dem *Anne Frank Huis* im Grachtengürtel, gibt es jedoch auch eine große Vielfalt an spannenden Galerien, wechselnden Ausstellungen und kleineren Kunstprojekten in ausgefallenen Locations zu entdecken, für die es sich auf jeden Fall lohnt, ebenso ein wenig Zeit einzuplanen. Viele davon verstecken sich in den verwinkelten Straßen des *Jordaan*-Viertels, westlich des Grachtengürtels. Aber auch in *De Pijp* machen immer mehr Galerien auf.

Wer trotzdem gerne einen Besuch in einem der großen Museen machen möchte, sollte unbedingt die Tickets online vorbestellen, um sich unnötiges Anstehen zu ersparen. Tipp: Im *Van-Gogh-Museum* gibt es jeweils am letzten Freitag im Monat unter dem Motto „*Vincent on Friday*" Cocktails, Musik und ausgefallene Inszenierungen von 19:00 bis 22:00 Uhr.

ANNET GELINK GALLERY

Die in 2000 eröffnete Galerie wurde rasend schnell populär und ist heute eine der führenden Adressen für zeitgenössische Kunst in den Niederlanden. In den modernen, hellen Verkaufsräumen im *Jordaan* findet man Werke sowohl aufstrebender als auch bekannter Künstler; von Zeichnungen und Malerei bis hin zu Fotografie und Videokunst ist alles dabei. Das Hauptziel von Annet Gelink ist es, neue Richtungen in der Kunst zu zeigen und hierbei sowohl niederländische als auch ausländische Werke mit einzubeziehen. Auf internationalen Kunstmessen, wie zum Beispiel der *Art Basel*, vertreten, spricht die Galerie hierbei ein internationales Publikum an.

Laurierstraat 189, 1016 PL Amsterdam
+31 (0)20 330 206 6
www.annetgelink.com

Annet Gelink Gallery

Torch Gallery

TORCH GALLERY

Im Gründungsjahr 1984 war Fotokunst in den Niederlanden noch eher unbekannt, was sich mit der Eröffnung der *Torch Gallery* änderte. Als Pionier auf diesem Gebiet ist die Galerie heute eine nicht mehr wegzudenkende Größe, sowohl in der Amsterdamer als auch in der internationalen Kunstszene. In der Galerie finden jährlich ca. acht Ausstellungen statt, in welchen unter anderem Werke von *Leni Riefenstahl, Takashi Murakami* und *Viktor & Rolf* gezeigt wurden. Bis heute mischt Torch ordentlich auf dem Gebiet der modernen Fotokunst mit und ist auf den bedeutendsten Kunstmessen der Welt vertreten.

Lauriergracht 94, 1016 RN Amsterdam
+31 (0)20 626 028 4
www.torchgallery.com

NIEUW DAKOTA

Etwas „ab vom Schuss" findet man diese Perle, die sich direkt neben dem Gelände der ehemaligen *NDSM-Werft* in *Amsterdam-Noord* versteckt. Vom Hauptbahnhof *Amsterdam Centraal* aus kommt man mit der kostenlosen Fähre Richtung *NDSM* schnell und bequem hierher. Was von außen wie eine Art Gewächshaus erscheint, ist in Wahrheit ein Ausstellungsraum für zeitgenössische Kunst. Hier finden diverse Ausstellungen, Events sowie Kollaborationen und Projekte mit Künstlern, Kuratoren und Galerien unterschiedlicher Richtungen statt. Und das Beste: Der Eintritt ist frei!

Ms. van Riemsdijkweg 41b, 1033 RC Amsterdam
+31 (0)20 331 831 1
www.nieuwdakota.com

MOCO

Hinter den Mauern der historischen Villa Alsberg befindet sich eine der spannendsten Sammlungen für moderne und zeitgenössische Kunst, die Amsterdam zu bieten hat. Direkt am berühmten *Museumplein* gelegen, verfügt das privat geführte MOCO (Modern Contemporary Museum Amsterdam) über eine beeindruckende Sammlung an Werken des berüchtigten Streetart-Künstlers *Banksy*, dessen Identität bis heute unbekannt ist. Darüber hinaus finden wechselnde Ausstellungen im MOCO statt. Highlight: die farbenfrohe 3D-Installation im Rahmen der vergangenen *Roy Liechtenstein*-Ausstellung. Aber auch die permanente *MoCollection* ist einen Besuch wert. Hier werden Werke von Ikonen wie *Andy Warhol, Jean-Michel Basquiat, Keith Haring, Jeff Koons* oder *Damien Hirst* gezeigt.

Honthorststraat 20, 1071 DE Amsterdam
+31 (0)20 370 199 7
www.mocomuseum.com

Moco

Nieuw Dakota

FOAM

Wir lieben die stetig wechselnden Fotoausstellungen

Ein Besuch im Fotografiemuseum Amsterdam, kurz FOAM, lohnt sich allein wegen des beeindruckenden Gebäudes. Das historische Kanalhaus begeistert mit einer prachtvollen Fassade, eleganten Parkettböden, riesigen Fenstern und scheinbar endlos hohen Decken mit Stuckverzierungen. In den verwinkelten Räumen des Hauses werden Werke der Fotokunst sowie verschiedene Multi-Media-Ausstellungen gezeigt. Sowohl Arbeiten international bekannter Künstler, wie *Helmut Newton* oder *Cy Twombly*, als auch Werke aufstrebender Fotografen erhalten ihren Raum. Wer möchte, kann im angeschlossenen Museums-Shop Werke der „Foam Editions" kaufen – eine limitierte Serie an Fotodrucken, die man auch online bestellen kann.

Keizersgracht 609, 1017 DS Amsterdam
+31 (0)20 551 650 0
www.foam.org

ARCAM

Wir lieben den Architecture Talk & Walk

Die Niederländer sind für ihre mutige, unkonventionelle und oft futuristisch anmutende Architektur bekannt. So wundert es wenig, dass in der Hauptstadt einige der architektonisch spannendsten Gebäude des Landes zu finden sind. Wer Lust hat auf einen Crashkurs in Sachen Amsterdamer Architektur, kann diesen im Arcam – Amsterdam Centre for Architecture – im Rahmen des von April bis Oktober stattfindenden *Architecture Talk & Walk* machen.

Nach einer 45-minütigen Einführung in die Entwicklung der Amsterdamer Architektur, erfährt man mehr über ihre bedeutendsten Bauwerke. Danach gibt es eine zweistündige Führung durch die City: Zu Fuß werden Highlights wie *Nemo, Amsterdam Eye* und die nördliche Seite des Hauptbahnhofs erkundet. Die Tour endet mit einer Fährenfahrt über das *IJ*, bei welcher man die beeindruckende Skyline von Amsterdam bewundern kann.

Prins Henrikkade 600, 1011 VX Amsterdam
+31 (0)20 620 487 8
www.arcam.nl

IN EINEM VERSTECKTEN
BIERGARTEN CHILLEN

Im Sommer spielt sich das Leben der Amsterdamer auf der Straße ab. Dann findet man gefühlt an jeder Ecke eine Kneipe mit gemütlicher Sonnenterrasse, einen lauschigen Biergarten oder ein cooles Café am Wasser, in welchem man herrlich versacken kann und sich, ehe man sich's versieht, den kompletten Nachmittag vertrieben hat. Bei dieser Vielfalt ist es fast unmöglich, DEN richtigen Spot zu finden. Wahrscheinlich gibt es den auch nicht, aber es gibt unsere Lieblings-Locations! Jede von ihnen überzeugt mit ihrem ganz eigenen Charme, sei es Gemütlichkeit, Hippie-Flair oder überraschende Stylishness.

DE CEUVEL

Auf dem Gelände einer stillgelegten Werft konnte in 2012 eine Gruppe junger Unternehmer ein einzigartiges Konzept umsetzen. De Ceuvel ist ein kreativer Ort, der sich einer möglichst autarken und nachhaltigen Lebensweise verschrieben hat. Aufgeteilt auf 17 liebevoll restaurierte Hausboote, welche an Land stehen und über Holzstege miteinander verbunden sind, haben sich hier Künstler, verschiedene Unternehmen sowie private Mieter niedergelassen. Das Café des Geländes befindet sich in den Hallen der ehemaligen Werft und ist mit einem eigenen, auf dem Dach angelegten Gewächshaus ausgestattet. Wenn die Sonne über Amsterdam untergeht, ist die Terrasse mit Blick aufs Wasser die perfekte Adresse für einen Sundowner.

Korte Papaverweg 4, 1032 KB Amsterdam
+31 (0)20 229 621 0
www.cafedeceuvel.nl

WATERKANT

Falls sich wieder einmal ein Jahrhundertsommer anbahnen sollte, ist dies definitiv der „place to be"! Nur ein kleines Stück westlich des beliebten *Jordaan*-Viertels gelegen, bietet diese ausgefallene Location im Retrolook im Erdgeschoss eines alten Parkhauses den perfekten Unterschlupf an heißen Tagen. Mit etwas Glück kann man dann einen der begehrten Plätze am Ufer des *Singel* ergattern und entspannt die Füße ins Wasser baumeln lassen. Neben dem regulären Restaurant- und Biergartenbetrieb finden im Waterkant regelmäßig Konzerte und Events statt – genauere Infos liefert die Website. Im Lokal werden diverse Snacks wie Bitterballen und Nachos mit Guacamole serviert. Und wer Lust hat auf Küche aus Surinam, findet auf der Karte auch Leckereien wie Gado Gado mit Tempeh – surinamischer Salat mit Sojabohnen-Kebap.

Marnixstraat 246, 1016 TL Amsterdam
+31 (0)20 737 112 6
www.waterkantamsterdam.nl

Waterkant

De Ceuvel

Brouwerij 't IJ

TROOST

In seinen drei verschiedenen Brauerei-Lokalen stellt das Team von Troost Craft Beer, Gin, Genever, Bourbon und Limonade her. Obwohl jede der Dependancen ihren ganz eigenen Charme besitzt, ist unser Favorit eindeutig die auf dem Gelände der trendigen *Westergasfabriek*. Hier herrscht, vor allem im Sommer, eine besonders lebhafte und schöne Atmosphäre. Im Hof vor dem Haus kann man den ganzen Tag (und Abend) draußen sitzen und blickt hierbei auf die hübschen Backsteingebäude des beeindruckenden *Westergas*-Geländes. Samstags kann man eine Führung durch die Brauerei buchen und bekommt so einen Einblick in die Herstellung der Produkte.

Pazzanistraat 27, 1014 DB Amsterdam
+31 (0)20 737 102 8
www.brouwerijtroostwestergas.nl

PLLEK

Als Pionier auf dem Gebiet Nachhaltigkeit hat sich das Pllek schnell einen Namen gemacht. Das Strandlokal auf dem Künstlergelände *NDSM* in *Amsterdam-Noord* hat es sich auf die Fahne geschrieben, ebendiese in allen Bereichen des Betriebes zu integrieren. Dies erklärt auch die ausgefallene Architektur: Das Restaurant wurde aus ausrangierten Schiffscontainern zusammengebaut. Die Speisen des Hauses werden größtenteils aus lokalen Bio-Zutaten zubereitet. Auf der Website findet man einen Überblick über die vielen Events, Konzerte und Partys, welche hier regelmäßig stattfinden.

T. T. Neveritaweg 59, 1033 WB Amsterdam
+31 (0)20 290 002 0
www.pllek.nl

BROUWERIJ 'T IJ

Eine echte Institution und bei Amsterdam-Besuchern und Locals gleichermaßen beliebt ist diese Brauerei direkt neben Amsterdams größter Windmühle. Der Biergarten vor dem Haus ist erstaunlicherweise bei jedem Wetter sehr gut besucht. Das *Proeflokaal* – der überraschend trendy eingerichtete Schankraum – bietet freien Blick auf die Braukessel. Am Wochenende kann man für schlanke 6 Euro pro Person (inkl. einem Bier nach Wahl) eine halbstündige Führung durch die Brauerei buchen. Die Karte ist mit ihren über 40 Biersorten recht umfangreich, weshalb Unentschlossene am besten ein *Proefbord* bestellen. An der Theke bekommt man ein Holzbrett zum Tragen der fünf 100 ml Probiergläser, in welchen die beliebtesten Biere des Hauses serviert werden.

Funenkade 7, 1018 AL Amsterdam
+31 (0)20 261 980 0
www.brouwerijhetij.nl

HANNEKE'S BOOM

Ein Dauerbrenner und absoluter Liebling der Amsterdamer. Mit seinem unwiderstehlichen Hippie-Charme ist der verwachsene und direkt am Wasser gelegene Biergarten an sonnigen Tagen das perfekte Ausflugsziel. Aufgrund der etwas versteckten Lage ist er zudem (noch) angenehm untouristisch und kann daher guten Gewissens als Geheimtipp gehandelt werden. Der Ausblick auf das *IJ* und das Museum *Nemo* ist einfach fantastisch, die Drinks und das Essen ebenso! Tipp: Wer ein Boot gemietet hat, kann damit direkt am Biergarten anlegen.

Dijksgracht 4, 1019 BS Amsterdam
+31 (0)20 419 982 0
www.hannekesboom.nl

'T NIEUWE DIEP

Umgeben von Obstbäumen und einem Kräutergarten findet man dieses kleine Hideaway im verwachsenen *Flevopark* im Amsterdamer Osten. Idyllisch an einem Teich gelegen ist der Biergarten besonders im Sommer der perfekte Ort für eine Pause im Grünen. Die Destillerie des Hauses stellt um die 100 verschiedene Produkte her,

unter anderem Genever und Bier. Unser Favorit: der *citroen genever*, der ein wenig wie Limoncello schmeckt.

Flevopark 13a, 1095 KE Amsterdam
+31 (0)62 707 606 5
www.nwediep.nl

THUIS AAN DE AMSTEL

Ein wenig „fernab vom Schuss" findet man diese alte Villa, die sich auf einem begrünten Grundstück direkt an der *Amstel* versteckt. Die charmante Fassade des Hauses mit seinem lauschigen Garten bildet einen krassen Kontrast zum umliegenden Neubaugebiet. Das Konzept: Biergarten, Coworking-Space und Café bzw. Restaurant in einem. In den verschiedenen, unglaublich gemütlichen und charmant eingerichteten Räumen der dreistöckigen Villa kann man entspannt arbeiten, brainstormen oder einfach in Ruhe seinen Kaffee genießen – Blick aufs Wasser inklusive.

Korte Ouderkerkerdijk 45,
1096 AC Amsterdam
+31 (0)20 354 752 0
www.thuisaandeamstel.nl

Hanneke's Boom

't Nieuwe Diep

EIN DINNER AUF DER PRIVATINSEL VUURTORENEILAND

Wir lieben die versteckte Lage

Von allen Dinner-Erlebnissen in Amsterdam ist dieses eindeutig am stärksten in Erinnerung geblieben. Ob die Bootsfahrt vorbei an der Skyline des östlichen Hafens, die liebevolle Begrüßung des Küchenteams am Bootssteg, die kleine Wanderung über die lauschige Insel oder das Abendessen im gemütlich beleuchteten Pavillon, einen Ausflug auf die zum UNESCO-Welterbe erklärte Insel Vuurtoreneiland vergisst man nicht so schnell. Allein die Hin- und Rückfahrt auf dem antiken Kahn sind ein Erlebnis. Mit einem Picknickkorb ausgestattet beginnt sie im östlichen Hafen, direkt vor dem *Hotel Lloyd*. Nach einer ca. dreiviertelstündigen Fahrt, bei welcher beeindruckende Aussichten auf die Skyline Amsterdams geboten werden, kommt man auf der Mini-Insel an. Aus der Ferne erblickt man zunächst nur einen kleinen Leuchtturm, bevor sich Stück für Stück die Umrisse von Vuurtoreneiland zeigen. Bewohnt ist sie nicht, die winzige Insel; die einzigen Bewohner sind ein paar wilde Schafe. Vor dem Dinner können die Gäste einen Spaziergang durch die verwachsene Landschaft machen. Vorbei an einigen Bunkern – die Insel diente früher dem niederländischen Militär als Stützpunkt –, die zu Weinkellern umfunktioniert wurden. Das Abendessen findet in dem gemütlich beleuchteten Glaspavillon statt, dem Sommerrestaurant der Insel. Ausgestattet mit einem riesigen Holzkohleofen, in welchem die Speisen zubereitet werden, strahlt er einen unwiderstehlich gemütlichen Charme aus. Für das Menü werden, passend zum Gesamtkonzept, hauptsächlich Zutaten aus der Region verwendet. Im Winter lohnt sich ein Ausflug nach Vuurtoreneiland übrigens mindestens genauso wie im Sommer. Bei romantischem Kerzenlicht findet das Essen in dieser Jahreszeit in dem ehemaligen Fort statt. Dick eingepackt gegen den Wind und ausgestattet mit einer Laterne, kann man dann nach dem Dinner einen Spaziergang über die Insel machen und der Stille lauschen.

+31 (0)20 362 166 4
www.vuurtoreneiland.nl

PRAKTISCHE INFOS

MUSS NICHT SEIN

KALVERSTRAAT

Die Shopping-Meile in Amsterdams Zentrum ist überlaufen, eng und nicht sonderlich schön anzusehen. Und *H&M* und Co. gibt es schließlich auch zu Hause. Besser auf die kleineren Shopping-Straßen in den verschiedenen Vierteln (siehe S. 138) zurückgreifen.

BEGIJNHOF

Es gibt wirklich spektakulärere Orte als diesen Innenhof direkt am meist überlaufenen *Spui*. Amsterdam ist schließlich voll mit schönen Plätzen, Innenhöfen und Straßen, die keinen Eintritt kosten und für die man nicht lange Schlange stehen muss.

ANNE-FRANK-HAUS

Ewiges Anstehen, um sich anschließend mit den Touristenmassen durch die Ausstellung schieben zu lassen. Wer das Anne-Frank-Haus sehen möchte, sollte darauf vorbereitet sein, dass ein Abstecher hierher nicht unbedingt viel mit einem entspannten Museumsbesuch zu tun hat, auch wenn das Haus per se sehenswert ist. Entspannter geht es in den verschiedenen Galerien und den für Touristen weniger „offensichtlichen" Museen zu (siehe S. 158).

DAS ROTLICHTVIERTEL DE WALLEN

Auch wenn hier einige der ältesten Häuser der Stadt stehen und selbst wenn viele einschlägige Reiseführer die *Oude Kerk* und das umliegende Rotlichtviertel De Wallen als Must Sees proklamieren: Man kann es ohne schlechtes Gewissen weglassen. Es sei denn, man hat Lust auf zig Junggesellenabschiede, Busladungen voller asiatischer Besucher oder betrunkene und bekiffte Touristen, die sich lautstark und torkelnd durch die engen Gassen des Viertels treiben lassen und die leicht bekleidete Damen in den Fenstern der einschlägigen Locations angaffen oder knipsen.

TIPPS FÜR ENTSPANNTES PARKEN

Das Thema Parkplatzsuche kann in Amsterdam schnell zur (nervenden) Herausforderung werden. Nicht aber, wenn man sich ein wenig vorbereitet. Denn auch wenn Parkplätze in den engen Grachten und vielen Einbahnstraßen grundsätzlich rar (und teuer!) sind, gibt es ein paar einfache Möglichkeiten, den Stress der Suche zu umgehen und dabei noch ordentlich Geld zu sparen.

AUF DER STRASSE PARKEN

Wer im Vorfeld genau wissen möchte, wo er parken kann, kann sich auf der Website der Gemeinde Amsterdam unter *www. amsterdam.nl/parkeren-verkeer/parkeertarieven* anschauen, wo dies am besten (z. B. in der Nähe der Unterkunft) geht.

Wer einen Parkplatz auf der Straße ergattert hat, findet in der Nähe Parkautomaten (es sei denn, man hat einen kostenlosen Parkplatz gefunden), die allerdings nur EC-Karten oder Kreditkarten (Mastercard/Visa/ American Express) akzeptieren. Am besten nimmt man direkt mehrere Karten mit, da die Automaten erfahrungsgemäß manche

Karten nicht annehmen. Direkt am Automaten kann man die Sprache in Deutsch ändern, sein Autokennzeichen eintippen und stundenweise oder gleich für den ganzen Tag bezahlen. Anschließend kann man einen gedruckten Beleg anfordern. Dieser ist allerdings nur fürs Portemonnaie gedacht, damit man nicht vergisst, wann die Parkzeit abläuft. Da die Kontrolleure die Parkzeiten mittels der eingegebenen Kennzeichen digital prüfen können, muss man diesen nicht mehr wie früher hinter die Windschutzscheibe legen. Sonntags ist das Parken übrigens vielerorts kostenlos, allerdings längst nicht überall! Je näher man sich am Zentrum befindet, desto eher muss man auch sonntags zahlen.

BLAUE ZONE

Parkplätze, neben welchen eine blaue Linie verläuft, können zwar umsonst benutzt werden, allerdings muss man in diesem Fall eine Parkscheibe benutzen und darf nur für eine bestimmte Dauer parken. Unbedingt genau auf die entsprechenden Hinweise achten.

GÜNSTIGE PARKHÄUSER MIT RESERVIERUNG ONLINE

Eine bequeme Alternative zum Parken auf der Straße ist das Parken in einem der öffentlichen Parkhäuser. Da die Preise in vielen Parkhäusern schnell bei über 5 Euro pro Stunde liegen, haben wir vier zentral gelegene Parkhäuser herausgesucht, welche die günstigsten Tarife der Stadt bieten – vorausgesetzt man reserviert vor der Ankunft online auf der jeweiligen Website des Parkhauses einen Platz. Dies geht schnell und unkompliziert und erspart einem lange Wartezeiten in der Schlange bei der Einfahrt sowie lästiges Suchen vor Ort. Von den Parkhäusern aus kann man zu Fuß zum Hotel laufen, die Straßenbahn nehmen oder sich ein Taxi oder UBER bestellen.

INTERPARKING IJDOCK (NOORD)

Das derzeit günstigste Parkhaus der Stadt und gleichzeitig zentral gelegen. Hier kann man ab 10 Euro pro Tag parken, vorausgesetzt, man hat bis zu einer Stunde vor der Einfahrt online reserviert.

IJdok 33
1013 MM Amsterdam
www.parkereninijdock.nl/de

WATERLOOPLEIN (OOST/PLANTAGE)

Hier parkt man ebenso zentral und zahlt 20 Euro am Tag, wenn man den Platz mindestens 20 Minuten vor Einfahrt online reserviert. Die Website ist nur auf Niederländisch verfügbar, was aber, mit ein wenig Geduld, kein Problem darstellt.

Valkenburgerstraat 238
1011 ND Amsterdam
www.p1.nl

P1 AMSTERDAM CENTRUM (HAUPTBAHNHOF)

Direkt gegenüber von *Amsterdam Centraal* und ebenfalls für 20 Euro am Tag buchbar, wenn man 20 Minuten vor Einfahrt online reserviert. Die Buchung erfolgt über die gleiche Website wie beim Parkhaus *Waterlooplein* (siehe oben).

Prins Hendrikkade 20A
1012 TL Amsterdam
www.p1.nl

PARKINGCENTRUM OOSTER-DOK (IN NÄHE DES NEMO)

Dieses direkt an Amsterdams Museum für Naturwissenschaften, Nemo, gelegene Parkhaus bietet auch ohne Reservierung im Internet den günstigen Tarif von 20 Euro am Tag.

Oosterdoksstraat 150
1011 DK Amsterdam
www.parkingzentrumamsterdam.de

ÜBER UNS

Als Design-Fan mit einem Faible für das Schöne und Besondere war es die Vision, die Themen Reisen und Design in einem Buch zu verbinden, die Nicole Niewiadomski dazu bewegten, in 2017 die Marke Metripolist zu gründen. Nach der erfolgreichen Einführung des ersten Buches *Metripolist Mallorca Edition* ist *Metripolist Amsterdam Edition* das zweite Werk einer Reiseführer-Reihe, die durch weitere spannende Destinationen fortgeführt werden wird.

Im Rahmen der Metripolist-Reihe lebt die Autorin, die vor der Gründung von Metripolist etliche Jahre im Marketing bekannter Konzerne verbrachte und auch schon als freiberufliche Autorin tätig war, ihre Leidenschaft für Design, Reisen, das Malen und das Schreiben aus. Aufgrund der Nähe zu Amsterdam hat die in Düsseldorf lebende Gründerin ein besonderes Verhältnis zur niederländischen Metropole. So ist Amsterdam über die Jahre hinweg eine wichtige Inspirationsquelle für die Autorin geworden, welche sie immer dann anzapft, wenn sie Lust auf einen Tapetenwechsel oder frischen Input hat.

Das Ergebnis dieser besonderen Liebe zeigt sich in diesem Buch: Metripolist Amsterdam Edition ist ein spannender Mix aus trendy Boutique-Hotels, außergewöhnlichen Restaurants, Cafés und Bars, Kunst und Kultur sowie Shopping-Adressen, die man nicht verpassen sollte. Die Auswahl wird durch einzigartige Orte und Must Dos abgerundet, die nicht unbedingt in herkömmlichen Reiseführern zu finden sind, und spricht vor allem designaffine Leserinnen und Leser an, die Lust haben, sich auch abseits des Mainstreams zu bewegen.

BILDNACHWEIS & IMPRESSUM

Nicole Niewiadomski
S. 46, S. 62, S. 75, S. 133 (oben), S. 165 oben, S. 171

Oliver Grethen
S. 6, S. 11 (oben links), S. 144 (alle), S. 175

Koen Smilde Photography
S. 8 (unten links), S. 43 (alle), S. 57 (alle), S. 85–87, S. 111 (alle), S. 112–113, S. 133 (unten rechts), S. 138, S. 152, S. 155 (alle), S. 166, S. 169 (unten)

Restliche Fotos
S. 14–17: Sanja Marusic, S. 18: Kasia Gatkowska, S. 19: Bocca Coffee Roasters, S. 20: LVF Photography, S. 21: David de La Mar, S. 22–23: Chantal Arnts, S. 24: Balthazar's Keuken, S. 25: Café de Klepel, S. 26: Shawn Chin / Paradiso, S. 27: David Costa, S. 28–31: Hotel Pulitzer, S. 32–35: Ewout Huibers, S. 36–39: The Hoxton, S. 40: Laure Joliet, S. 41: Steve Herud, S. 47–49: Marie Charlotte Pezé, S. 50–53: Stork, S. 54–55: Steve Herud, S. 60–61: Huize Frankeldael, S. 63: Janus van den Eijnden, S. 64: Jet van Fastenhout, S. 65: Mitchell van Voorbergen, S. 66: Petrovsky & Ramone, S. 67: Nicole Rodenburg (unten), S. 67: Petrovsky & Ramone (oben links & oben rechts), S. 68–69: Chee Janssen, S. 70–73: Romain Laprade / New Werktheater, S. 74: Leon Hendrickx, S. 76–77: Hotel Arena, S. 78–79: The Student Hotel, S. 80–81: Hotel V Fizeaustraat, S. 82–83: Stout & Co, S. 88–89: George W. P. A., S. 90–93: Marcel Donker, S. 94–95: Arles, S. 96: Sarah Distel, S. 97: Sonja Velda, S. 98 (oben links): Sarah Distel, S. 98 (oben rechts & unten links): Sonja Velda, S. 98 (unten rechts): Sarah Distel, S. 99: Cathelijne van den Lande, S. 100: Steve Herud, S. 101: Steve Herud, S. 102–105: Pillows Anna van den Vondel, S. 106–109: TodaysBrew, S. 114–115: Teska Overbeeke, S. 116: Milan Hofmans, S. 117: TOKI, S. 118: Five Brothers Fat, S. 119: Worst Wijncafé, S. 120: Nooij Photography, S. 121–123: Arjen Veldt, S. 124–127: Kevin Bacon, S. 128–129: Morgan & Mees, S. 130–131: Lucas Kemper, S. 133 (Mitte, links): Café De Ceuvel, S. 133 (unten links): Mirjam Bleeker, S. 134–137: Mirjam Bleeker, S. 140: Kasia Gatkowska, S. 143: Michael van Oosten, S. 159 oben: Michel Claus, S. 159 unten: Torch Gallery, S. 161 oben: Jan Arsenovic, S. 161 unten links: GJ van ROOIJ, S. 161 unten rechts: Walter Willems, S. 162: Christian van der Kooy, S. 163: Amsterdam Architecture Centre / Berbe Rinders, S. 165 unten: Café de Ceuvel, S. 169 oben: Hanneke's Boom

Copyright © 2019 Nicole Niewiadomski
Erstauflage, 2019

Texte, Fotografie & Illustrationen: Nicole Niewiadomski
Umschlaggestaltung: Nicole Niewiadomski
Lektorat, Korrektorat: Sarah Maschek
Layout: satzbild, Philipp Czogalla
Satz: typodienst, Markus Schmitz

Druck: Gutenberg Beuys Feindruckerei GmbH, Hans-Böckler-Straße 52, 30851 Langenhagen

ISBN: 978-3-00-062214-4

Bibliografische Information der Deutschen Nationalbibliothek:
Die Deutsche Nationalbibliothek verzeichnet diese Publikation in der Deutschen Nationalbibliografie; detaillierte bibliografische Daten sind im Internet über http://dnb.d-nb.de abrufbar.

Nicole Niewiadomski, Belsenstr. 19, 40545 Düsseldorf
E-Mail: info@metripolist.com
www.metripolist.com